Währungsreform und Soziale Marktwirtschaft

AKADEMIEBEITRÄGE ZUR POLITISCHEN BILDUNG

Herausgegeben von der
Akademie für Politische Bildung, Tutzing
Direktor: Prof. Dr. Manfred Hättich

AKADEMIEBEITRÄGE ZUR POLITISCHEN BILDUNG
Band 23

Peter Hampe (Hrsg.)

Währungsreform und Soziale Marktwirtschaft

Rückblicke und Ausblicke

Mit Beiträgen von:
Christoph Buchheim, Peter Hampe, Ernst-Moritz Lipp,
Hans Möller, Otto Pfleiderer, Karl Schiller,
Helmut Schlesinger, Eckhard Wandel

OLZOG VERLAG MÜNCHEN

CIP-Titelaufnahme der Deutschen Bibliothek

Währungsreform und soziale Marktwirtschaft:
Rückblicke und Ausblicke / Peter Hampe (Hrsg.). Mit Beitr. von: Christoph Buchheim . . .
– München : Olzog, 1989
(Akademiebeiträge zur politischen Bildung ; Bd. 23)
ISBN 3-7892-8440-8
NE: Hampe, Peter [Hrsg.]; Buchheim, Christoph [Mitverf.]; GT

ISBN 3-7892-8440-8

Vertrieb: Moderne Verlagsgesellschaft, Landsberg a. L.

Umschlagentwurf: Gruber & König, Grafik-Design, Augsburg
Gesamtherstellung: Ilmgaudruckerei Pfaffenhofen

Inhalt

Peter Hampe

Ein einleitendes Resümee

Vierzig Jahre Bundesrepublik Deutschland – dieser Anlaß beschäftigt Politik, Wissenschaft und Medien intensiv und vielfältig. Zur Zeit wird vor allem die politische Gründungsgeschichte von 1949 nachgezeichnet, als zunächst der institutionelle Rahmen für eine freiheitliche, demokratische und politisch erstaunlich stabile Entwicklung geschaffen wurde; die letztere steht in einem engen Zusammenhang mit der nicht minder erstaunlichen wirtschaftlichen Erfolgsbilanz der Bundesrepublik, für die wichtige Weichen schon ein Jahr zuvor, nämlich mit der Währungs- und Wirtschaftsreform vom Juni 1948, gestellt wurden.

Wie und warum gelang es, nach dem totalen politischen und wirtschaftlichen Zusammenbruch des Deutschen Reiches in wenigen Jahrzehnten die Bundesrepublik zu einer international führenden Wirtschaftsmacht und die D-Mark zu einer der stabilsten und begehrtesten Währungen zu machen? Die Wurzeln des „Wirtschaftswunders" aufzuspüren, stößt heute offenkundig auf ein mehrfaches Interesse: Die jüngere und selbst die mittlere Generation der heutigen Bundesbürger hat jene Nachkriegsereignisse gar nicht oder nicht bewußt erlebt. Aber auch bei den älteren Bürgern ist vieles in Vergessenheit geraten. Soweit sie sich noch persönlich erinnern, haben sie häufig ein Bedürfnis nach Klärung damals nur ausschnitthaft erkannter Vorgänge und Zusammenhänge. Eine ganz anders geartete Aktualität erhält die Frage nach den Bedingungen für die erfolgreiche Wirtschafts- und Währungsentwicklung in der Bundesrepublik im internationalen Kontext: Der wirtschaftliche Entwicklungsprozeß vieler Länder der „Dritten", aber auch der „Zweiten", der kommunistischen Welt, steckt in der Krise. Kein Wunder, daß gefragt wird, ob und inwieweit andere Länder aus den Erfahrungen der Bundesrepublik lernen können, inwieweit also z. B. die Währungs- und Wirtschaftsreform von 1948 und die spätere Wirtschaftspolitik Modell für andere sein können.

Die Akademie für Politische Bildung in Tutzing hat anläßlich des Jubiläums der Währungs- und Wirtschaftsreform im Juni 1988 einige dieser Fragen auf einer Fachtagung thematisiert, bei der es gelang, auch noch Referenten zu gewinnen, die an den währungs- und wirtschaftspolitischen Entscheidungen von 1948 und der Folgezeit selbst beteiligt waren und daher als Zeitzeugen manche der damaligen Ereignisse und Zusammenhänge klarer machen können als es Historikern, soweit sie sich allein auf Dokumente stützen müssen, jemals möglich sein wird. Es liegt daher nahe, die Vorträge der Tutzinger Tagung auch einem größeren Publikum zugänglich zu machen. Das vorliegende Buch enthält diese Vorträge in überarbeiteter, zum Teil auch aktualisierter Form.

„Vierzig Jahre Geldpolitik in der Bundesrepublik bieten einen reichen Erfahrungsschatz, aber sie verpflichten auch." So faßt *Helmut Schlesinger,* der Vizepräsident der Deutschen Bundesbank, seinen Beitrag zusammen, in dem er die wichtigsten Etappen der Geld- und Währungspolitik nachzeichnet. Für *Schlesinger* liegt der Schlüssel für den „fast beispiellosen Erfolg" der nun vierzig Jahre alten D-Mark in der Knapphaltung der Geldmenge, bezogen auf die jeweils realen Produktionsmöglichkeiten. Die damit erreichbare und im Falle der Bundesrepublik auch erreichte (relative) Geldwertstabilität war wiederum – ganz im Sinne *Walter Euckens* – die Voraussetzung für eine funktionsfähige marktwirtschaftliche Wettbewerbsordnung, an deren schrittweise Einführung *Schlesinger* die steile wirtschaftliche Aufwärtsentwicklung der westdeutschen Wirtschaft gekoppelt sieht. Er verkennt aber auch nicht die wesentliche Rolle, die die amerikanischen und deutschen Gründerväter unserer Wirtschaftsverfassung gespielt haben, indem sie mutig die notwendigen Reformmaßnahmen durchsetzten, zu denen der Bundesbankvizepräsident natürlich auch die Errichtung einer unabhängigen und auf Geldwertstabilität verpflichteten Notenbank zählt.

Die angesprochenen Grundeinsichten sind ganz unabhängig von den im Laufe der Zeit eingetretenen Veränderungen der binnen- wie außenwirtschaftlichen Rahmenbedingungen gültig geblieben. Dies am Beispiel der vergangenen vier Jahrzehnte aufzuzeigen, ist *Schlesingers* Hauptanliegen. Daraus zieht er auch für die Zukunft die Lehre, die Grundeinsichten konsequent weiter zu beherzigen, nicht zuletzt auch bei der bevorstehenden Weiterentwicklung des europäischen Währungssystems.

Nach dieser *tour d'horizon* beschäftigen sich die nächsten Beiträge mit einzelnen Etappen, Aspekten und Lehren der westdeutschen Währungsreform. Zunächst blickt *Otto Pfleiderer,* der langjährige Präsident der Landeszentralbank in Baden-Württemberg, der in dieser und in anderen Funktionen die westdeutsche Geldpolitik von 1947 bis 1972 wesentlich mitgestaltet hat, noch etwas weiter zurück. Er vergleicht die Währungsreformen von 1923 und 1948, mit denen – jeweils auf ganz unterschiedliche Weise – die beiden großen deutschen Inflationen des 20. Jahrhunderts zum Stillstand gebracht werden konnten. Beide Ereignisse wirken bis in die Gegenwart in Form einer besonderen Inflationsempfindlichkeit der deutschen Bevölkerung nach, hatten doch jeweils vor allem die Geldvermögensbesitzer (insbesondere die Sparer bzw. der Mittelstand) die Kosten der Inflation zu tragen. *Pfleiderer* zeigt eine ganze Reihe hochinteressanter Gemeinsamkeiten und Unterschiede beider Geldentwertungsprozesse und ihrer Beendigung auf. Besonders paradox muß folgender Tatbestand erscheinen: Während die Währungsreform von 1948 darauf zielte, eine „zurückgestaute" Inflation und den ihr zugrundeliegenden enormen Geldüberhang durch eine radikale Geldmengenreduzierung zu beseitigen, wurde die „offene" Inflation der zwanziger Jahre durch die Ausgabe neuer Zahlungsmittel und damit einer Vermehrung des umlaufenden Geldes, quasi durch einen „letzten Schluck aus der Pulle" bekämpft. Beide extrem unterschiedlichen Reformmaßnahmen waren aber höchst erfolgreich.

Otto Pfleiderer war es leider nicht mehr vergönnt, seinen Tutzinger Vortrag für die Drucklegung zu überarbeiten bzw. zu erweitern, obwohl ihm sehr daran lag. Er verstarb im Februar 1989. *Hans Möller* hat es in dankenswerter Weise übernommen, die hier unverändert abgedruckten Ausführungen von *Otto Pfleiderer* zur Währungsstabilisierung von 1923, über die man heute im Vergleich zur Währungsreform von 1948 weit weniger weiß, in zwei Exkursen näher zu erläutern und zu ergänzen.

Die politische (Vor-)Geschichte der Währungsreform von 1948 skizziert im anschließenden Artikel der Tübinger Wirtschaftshistoriker *Eckhard Wandel,* der sich 1979 mit einer Arbeit über „Die Entstehung der Bank deutscher Länder und die deutsche Währungsreform 1948" habilitiert hat.

Wandel beleuchtet zunächst die alliierten Vorstellungen und Verhandlungen sowohl über die Reorganisation des deutschen Bankenwesens als auch über eine Währungsreform und macht die Gründe für das Scheitern entsprechender Viermächtevereinbarungen deutlich. Besonderes Augenmerk widmet er dabei der amerikanischen Politik (und ihren Veränderungen), stellt doch die westdeutsche Währungsreform – trotz aller deutschen Beteiligung – ein „amerikanisches Diktat" dar.

Hat die Währungsreform die deutsche Spaltung besiegelt? *Wandel* sieht in der einseitig in den drei westlichen Besatzungszonen durchgeführten Währungsumstellung durchaus einen wichtigen Schritt zur politischen Teilung, weist aber dezidiert darauf hin, daß die wirtschaftliche Einheit Deutschlands 1948 schon längst zerstört war, daß es vor allem die politische Großwetterlage war, die die deutsche Teilung verfestigte. Allerdings habe die Währungsreform eindeutig zur Spaltung Berlins beigetragen.

Hans Möller, langjähriger Ordinarius für Volkswirtschaftslehre an der Universität München und seit dem Tode *Pfleiderers* das einzige noch lebende deutsche Mitglied des kleinen Gremiums, das die Alliierten auf Vorschlag der deutschen Zweizonenverwaltung offiziell zum „Währungs-Konklave" nach Rothwesten beriefen, beschreibt in seinem Beitrag noch einmal wichtige Einzelheiten der Währungsreform und erläutert den Beitrag der deutschen Experten zu ihrer gesetzestechnisch-organisatorischen Ausgestaltung. Ausführlich schildert er dabei die Kontroversen der deutschen Experten mit den Alliierten, wobei er freimütig genug ist zuzugestehen, daß sich die letztlich von den Alliierten durchgesetzten Reformregelungen im nachhinein als zweckmäßig erwiesen haben.

Möller äußert sich nicht nur als Zeitzeuge. Aus wirtschaftstheoretischer Sicht versucht er zusätzlich, einige Wirkungen der Währungsreform zu verdeutlichen. Hinsichtlich der Vermögensverteilung waren ihre Effekte unter Gerechtigkeitsgesichtspunkten höchst fragwürdig, unter dem Gesichtspunkt des Wachstums von Produktion und Beschäftigung wirkte sie aber äußerst positiv. Welche Wachstumseffekte die Währungsreform allerdings konkret ausgelöst hat, ist schwierig zu beurteilen, spielte ja dafür – neben exogenen Faktoren – auch die gleichzeitig von deutscher Seite, insbesondere von *Ludwig Erhard* durchgeführte wirtschaftspolitische Reform, nämlich die relativ abrupte Aufhebung der wirtschaftlichen Reglementierung und die schrittweise Einführung des Wirtschaftssystems der „Sozialen Marktwirtschaft“, eine zentrale Rolle. Außerdem war schon seit dem totalen Zusammenbruch ein – wenn auch sehr gehemmter – wirtschaftlicher Erholungsprozeß zu verzeichnen. *Möller* kann daher nur hypothetisch fragen, welche Wirkungen wohl die beiden Reformen gehabt hätten, wenn sie jeweils allein durchgeführt worden wären. In der Summe – so sein Urteil – verstärkten sich jedenfalls die positiven Effekte beider Maßnahmen, in denen er im übrigen in viel höherem Maße als in der *Marshall-Plan*-Hilfe die eigentlichen Wurzeln des „Wirtschaftswunders“ sieht.

Möller rundet seinen Beitrag durch einen Exkurs ab, in dem wohl überhaupt zum ersten Male der „Geldüberhang“, wie er durch die Kriegsfinanzierung und während der ersten Jahre vor der Währungsreform entstanden war, analysiert und der Höhe nach geschätzt wird; darüber hinaus verdeutlicht er zahlenmäßig den Geldschnitt der Währungsreform in den drei Westzonen.

Die schon bei *Möller* angesprochenen, der Währungsreform unmittelbar folgenden wirtschaftspolitischen Reformmaßnahmen stehen im Mittelpunkt des Beitrages von *Karl Schiller,* dem SPD-Bundeswirtschaftsminister der „Großen Koalition“, dessen politische Karriere 1948 mit der Ernennung zum Hamburger Senator für Wirtschaft und Verkehr einen ersten Höhepunkt erreicht hatte. *Schiller* zollt *Ludwig Erhard,* seinem damaligen politischen Gegner, hohen Respekt für dessen Mut und Durchsetzungskraft, schon unmittelbar nach der Währungsreform auf der Basis des „Leitsätzegesetzes“ entgegen allem Zeitgeist eine „Schneise für die Marktwirtschaft“ geschlagen zu haben.

Mit der Währungs- und Wirtschaftsreform vom Juni 1948 war der Weg zum „Wirtschaftswunder“ aber noch keineswegs hinreichend geebnet. *Schiller* zeigt am Beispiel der Inflationstendenzen vom zweiten Halbjahr 1948, an den bis 1950 stark steigenden Arbeitslosenzahlen und an der Korea-Krise von 1950/51, wie sehr das Schicksal gerade des marktwirtschaftlichen Kurses mehrfach auf des Messers Schneide stand, bevor sich dann die wirtschaftliche Entwicklung derart atemberaubend vollzog, daß die Nachkriegszeit zumindest ökonomisch Mitte der sechziger Jahre zu Ende ging.

Schiller überdenkt auch alternative Reformwege. Die damals in sozialdemokratischen Kreisen, vor allem aber in den angelsächsischen Ländern präferierte *keynesianische* Strategie einer nachfrageexpansiven, staatlichen Beschäftigungspolitik wäre seiner Ansicht nach weniger erfolgreich gewesen. *Schiller* verwirft schließlich eine (Neu-)Interpretation der Währungs- und Wirtschaftsreform, wie sie vor allem von dem Bochumer Wirtschafts- und Sozialhistoriker *Werner Abelshauser* verfochten wird und in den achtziger Jahren zunehmende Akzeptanz fand: *Abelshauser* relativiert die Bedeutung der Reformmaßnahmen von 1948, weil er den – schon zuvor in Gang gekommenen – wirtschaftlichen Wiederaufschwung der westdeutschen Wirtschaft primär als „Rekonstruktionsprozeß“ erklärt, der sich – wirtschaftshistorisch gesehen ganz typisch – nach den kriegsbedingten wirtschaftlichen Rückschlägen vor allem auf der Basis des vorhandenen Arbeitskräftepotentials rasch entfaltet habe.

Abelshausers Thesen sind, wie schon die Bemerkungen *Schillers* zeigen, nicht unwidersprochen geblieben. Der Münchener Wirtschaftshistoriker *Christoph Buchheim* setzt sich mit ihnen detailliert und kritisch auseinander. Gestützt auf neue Forschungsergebnisse demonstriert er in differenzierter Weise, daß einzelnen Argumenten *Abelshausers* Fehlinterpretationen zugrunde liegen. Zwar trägt das westdeutsche Wirtschaftswunder – so seine Quintessenz – durchaus Züge eines erfolgreichen Rekonstruktionsprozesses. Daß dieser aber zustande kam, die vorhandenen Produktionspotentiale schrittweise genutzt wurden, eine Phase wirtschaftlicher Antriebslosigkeit (vor Mitte 1948) in wirtschaftliche Dynamik umschlug, das alles sei ziemlich eindeutig erst den Wirkungen der Währungs- und Wirtschaftsreform zuzuschreiben. Mit seiner Analyse fundiert *Buchheim* die traditionelle, teils *common-sense*-orientierte, teils schon wissenschaftlich vertiefte Auffassung von der entscheidenden Bedeutung der Reformmaßnahmen von 1948 für den raschen wirtschaftlichen Wiederaufstieg der Bundesrepublik – eine Einschätzung, die nicht zuletzt auch die übrigen Autoren dieses Buches teilen.

Im letzten Beitrag geht es um die Frage, ob die deutschen Reformrezepturen von 1948 auch auf andere Länder übertragbar sind, die von Inflation, Arbeitslosigkeit und/oder wirtschaftlicher Stagnation geplagt werden. Angesichts der ökonomischen Krisensituation, in der sich heute viele Länder in Süd und Ost befinden, und ihrer fast verzweifelten Reformversuche, gewinnt diese Frage besondere Aktualität. Kein Wunder, daß der wirtschaftspolitische Rat deutscher Experten seit Jahren sehr begehrt ist. *Ernst-Moritz Lipp*, der Chefvolkswirt der Dresdner Bank, selbst in derartiger Beratungstätigkeit erfahren, demonstriert die vielschichtige Problematik am Beispiel von Argentinien, Bolivien, China, Indien und Südkorea – fünf Länder mit hohem Reformbedarf, unterschiedlichen Reformbemühungen und recht unterschiedlichen Reformergebnissen bzw. -perspektiven. Wenn auch das Beispiel der Bundesrepublik dazu beiträgt, daß heute viele Länder einen stärker marktwirtschaftlich orientierten Reformkurs einschlagen, ist damit der Erfolg, wie *Lipp* besonders am Beispiel südamerikanischer Länder belegt, noch keineswegs gesichert. „Gute ordnungspolitische und währungspolitische Rahmenbedingungen sind eine notwendige, aber keine hinreichende Bedingung für eine erfolgreiche Entwicklung."

Und in der Tat, das „Wirtschaftswunder" der Bundesrepublik kann nicht so ohne weiteres imitiert werden. Wirtschaftliche Radikalkuren lassen sich zunächst wohl nur in einer politischen Ausnahmesituation durchführen, wie sie im geschlagenen und geteilten Deutschland nach 1945 gegeben war (die wirtschaftliche Krise mancher Länder trägt allerdings auch Züge einer Extremsituation). Daß die Reformen schließlich Erfolg hatten, hing überdies von der klugen Prozeßpolitik im Bereich der Wirtschafts-, Finanz- und Währungspolitik ab, aber auch von der Leistungsbereitschaft bzw. dem Wiederaufbauwillen der deutschen Bevölkerung, deren Fähigkeiten und Erfahrungen effektiv genutzt werden konnten. Von außen her halfen die finanziellen Zuwendungen der Amerikaner, die quasi die Inlandsersparnis vergrößerten sowie Importgüter finanzierbar machten, die als Engpaßfaktoren eine Schlüsselrolle im Entwicklungsprozeß spielten. Auch die starke traditionelle Integration der westdeutschen Wirtschaft in den Weltmarkt zahlte sich rasch aus. Im Innenbereich sorgten steigende Einkommen, die Sozialpolitik und – damit in Zusammenhang – die maßvolle Politik der Gewerkschaften auf der Grundlage von Tarifautonomie und Mitbestimmung für sozialen Frieden; und dies alles spielte sich in den geordneten Bahnen eines Rechtsstaates mit einer traditionell relativ effizienten und korruptionsfreien Bürokratie ab.

Die Summe vor allem dieser Bedingungen und Reformmaßnahmen hat den wirtschaftlichen Erfolg in der Bundesrepublik bestimmt. Ihm stehen – wenngleich in diesem Buche, das vor allem die Erfolgsursachen der Anfangszeit behandelt, weniger davon die Rede ist – auch gravierende Schattenseiten gegenüber: Konzentrationstendenzen, damit verbundene Ungleichheiten in der Macht- und in der Vermögensverteilung, regionale und branchenmäßige Strukturprobleme, schleichende Inflationstendenzen, seit Mitte der siebziger Jahre erneut hohe Arbeitslosigkeit, zunehmende Umweltschäden und anderes mehr.

Die „Soziale Marktwirtschaft" bleibt also herausgefordert. Sie muß flexibel und offen sein für innovative wirtschaftspolitische Maßnahmen, um aus der Vergangenheit übernommene oder neu entstehende Aufgaben zu bewältigen. Nur dann wird sie sich im Rahmen der fortschreitenden europäischen Integration, ja im weltweiten Wettbewerb der Systeme auch in Zukunft behaupten und bewähren können.

Helmut Schlesinger

Vierzig Jahre Währungsreform

Grundentscheidungen für eine stabilitätsorientierte Geldpolitik

Seit der Währungsreform des Jahres 1948 sind im Juni 1988 vierzig Jahre ins Land gegangen. Vierzig Jahre sind für eine deutsche Währung ein respektables Lebensalter. Die erste einheitliche deutsche Währung – die Mark des Kaiserreichs, vor über 110 Jahren geschaffen – wurde nach nur fünfzig Jahren durch die Hyperinflation von 1923 aufgezehrt. Und die zweite – die Reichsmark – war bereits nach der kurzen Lebenszeit von fünfundzwanzig Jahren so zerrüttet, daß sie mit der Währungsreform von 1948 aus dem Verkehr gezogen werden mußte.

Mit solchen Entwicklungen ist heute nicht zu rechnen. Im Gegenteil: Die Kaufkraft der Deutschen Mark ist zur Zeit stabil wie schon seit langem nicht mehr. Sie steht in hohem internationalem Ansehen, ihre Stärke und Solidität sind zu einer Art Gütezeichen für die Bundesrepublik geworden. Seit Juni 1948 hat sich das Preisniveau – am Preisindex für die Lebenshaltungskosten gemessen – um jährlich 2,7 % erhöht. Das ist weit weniger als in vergleichbaren Industrieländern. Selbst in der traditionell stabilitätsbewußten Schweiz war die Teuerungsrate nicht niedriger.

Vor vierzig Jahren haben nicht wenige Zeitgenossen die neue Währung mit Skepsis betrachtet, der damalige Leiter des Internationalen Währungsfonds hat ihr keine Chance gegeben, weil Deutschland keine Gold- und Devisenreserven besaß, und der frühere Reichsbankpräsident *Schacht* soll ihren Zusammenbruch innerhalb von wenigen Wochen prophezeit haben. Aus wenigen Wochen sind nun vierzig Jahre geworden. Wir werden alles tun, daß auch in Zukunft Währungszusammenbrüche und Währungsreformen in Deutschland unvorstellbar bleiben; das Androhen einer Währungsreform sollte – auch für Politiker – auf dem Index stehen.

Aber auch eine moderate Geldentwertungsrate von 2½ % höhlt auf Dauer den Geldwert aus, seit 1948 hat die D-Mark immerhin zwei Drittel ihrer ursprünglichen Kaufkraft eingebüßt. Allerdings wurden die Zinssätze in der Bundesrepublik, im Gegensatz zum Ausland, stets auf einem Niveau gehalten, das einen positiven Realzins sicherte. Selbst Sparer, die seit 1948 ihr Geldvermögen ausschließlich in den relativ niedrig verzinsten Spareinlagen mit gesetzlicher Kündigungsfrist gehalten haben, konnten mit einer – wenn auch bescheidenen – Realverzinsung rechnen.

Der weltweit fast beispiellose Erfolg war der D-Mark 1948 nicht in die Wiege gelegt, ganz im Gegenteil. Ihre Startbedingungen waren am Tag „X" äußerst ungünstig. Die Menschen hungerten, wir Studenten unternahmen im Mai 1948 einen – wohl disziplinierten – Hungerprotestmarsch, wohl der einzige, den die Besatzungsmacht halbwegs tolerierte. Das Geld wurde im Wirtschaftsverkehr zurückgewiesen. Es herrschte – wie *Jack Bennett,* der Finanzberater von US-General *Clay,* in der Proklamation der Währungsreform sagte – „wirtschaftliches Chaos". Die Unsicherheit über die weitere politische und wirtschaftliche Entwicklung lähmte die wirtschaftliche Leistungsbereitschaft. Währungsreserven waren so gut wie keine vorhanden.

Die Währungsreform erwies sich als ein wichtiges Schlüsseldatum der deutschen Nachkriegsentwicklung. Der marktgerechte Einsatz von Arbeit und Kapital und die wirtschaftliche Aktivität nahmen kräftig zu. Die ökonomischen Anstrengungen in Deutschland führten trotz aller Schwierigkeiten (Flüchtlingsstrom, Kapitalknappheit, Teilung des Landes) zu einem in der Nachkriegsentwicklung beispiellosen wirtschaftlichen Aufholprozeß. Vielen Beobachtern schien der wirtschaftliche Wiederaufstieg so gewaltig, daß sie dafür die Bezeichnung „Wirtschaftswunder" wählten. Bei Gesamtschau aller Vorgänge, zu denen auch der wichtige Beitrag der amerikanischen *Marshall-Plan*-Hilfe zählte, war es kein Wunder; ein Wunder war aber, daß die Politiker den Mut und die Ausdauer aufbrachten, die notwendigen Reformen einzuführen und den Versuchungen zu widerstehen, den Geldhahn aufzudrehen.

Für mich jedenfalls ist der Tag „X" die Geburtsstunde des deutschen Wirtschaftsaufschwungs, auch wenn jüngere Wirtschaftshistoriker einen bemerkenswerten Anstieg der Wirtschaftsleistung schon früher ausmachen wollen;[1] ich habe davon außer Trümmerbeseitigung und Behelfsbehausungen nicht viel bemerkt. Der Lähmungszustand einer Wirtschaft, in der offiziell an der Geldfunktion der Reichsmark festgehalten wurde, die aber verlorengegangen war, wurde erst im Juni 1948 überwunden. Schon bald nach der Währungsreform zeigte sich, daß – meine

These 1: *knappes Geld die entscheidende Voraussetzung für eine Aufwärtsentwicklung der Volkswirtschaft darstellt.*

Dies ist die *erste Erfahrung,* die, so selbstverständlich es uns scheinen mag, heute und in einer freien Wirtschaft immer gilt.

Für den durchschlagenden und anhaltenden Erfolg der Währungsreform war mitentscheidend, daß sie mit einer Reihe ordnungspolitischer Grundentscheidungen einherging. Dies ist das besondere Werk *Ludwig Erhards,* der am 24. Juni 1948 im Zwei-Zonen-Wirtschaftsrat das „Leitsätze-Gesetz" durchsetzte – gegen den Widerstand von zunächst fast allen –, um schrittweise, aber schnell die Grundelemente der freien Marktwirtschaft einzuführen. Er löste die Märkte nach und nach aus den Fesseln der Bewirtschaftung und des Preisstopps. Mit dieser „Deregulierung" verschaffte er der Privatinitiative und dem Wettbewerb freie Bahn. Alle Zweifler – es gab fast nur Zweifler – versuchte er zu überzeugen. Seine Energie als Redner erschien unerschöpflich, und der Erfolg gab ihm schließlich recht.

1 Siehe dazu Beitrag *Buchheim.*

Alle Verantwortlichen bei der Währungsreform (die Deutschen, die in dem geheimen „Konklave" von Rothwesten bei Kassel mitwirkten, und die Alliierten, insbesondere die Amerikaner) waren sich bewußt, daß knappes Geld und Geldwertstabilität wichtige Voraussetzungen für den Erfolg des Wiederaufbaus waren. Tatsächlich entwickelte sich der folgende wirtschaftliche Aufholprozeß zunächst auch nicht spannungsfrei. Die große Bewährungsprobe kam während der Koreakrise. Selbst *Erhards* Mitarbeiter, er selbst freilich nicht, erwogen damals die Rückkehr zum Dirigismus, aber eine scharfe Kreditrestriktion konnte die inflationären Tendenzen bis Mitte 1951 besiegen.

Einer der vehementesten Streiter für Geldwertstabilität und die „Soziale Marktwirtschaft", *Walter Eucken,* schrieb 1952 in seinen „Grundsätzen der Wirtschaftspolitik": „Alle Bemühungen, eine Wettbewerbsordnung zu verwirklichen, sind umsonst, solange eine gewisse Stabilität des Geldwertes nicht gesichert ist. Die Währungspolitik besitzt daher für die Wettbewerbsordnung ein Primat." Dabei ist die Fähigkeit der sozialen Gruppen zu Kompromissen und Konsensbildung in Deutschland kaum an unüberwindbare Grenzen gestoßen, obgleich ja der breiten Masse viel zugemutet wurde (der Konflikt zwischen Geld- und Sachvermögensbesitzern wurde durch den Lastenausgleich abgefedert, und die Sozialgesetzgebung wurde verbessert, alle sozialen Komponenten der Sozialen Marktwirtschaft wurden gestärkt, aber natürlich entstanden Ungleichheiten, ich erinnere z. B. an die Lizenzpresse). Es wurde anerkannt, daß Preisstabilität eine soziale Notwendigkeit ist und den sozialen Ausgleich erleichtert, nicht erschwert. Diesen Überlegungen der „Ordoliberalen" – wie *Eucken* – stimme ich daher voll zu. Ich möchte als Ergebnis meine zweite These formulieren:

These 2: *Knappes, kaufkraftstabiles Geld sichert die marktwirtschaftliche Wettbewerbsordnung und fördert die Stabilität einer sozialen Marktwirtschaft.*

Der Zerrüttung des Geldwesens in Deutschland war jeweils die volle Einbeziehung des Notenbanksystems in die Rüstungs- und Kriegsfinanzierung vorausgegangen. Eine weitere ordnungspolitische Grundentscheidung bestand folglich darin, die Zentralbank vor politischer Einflußnahme zu bewahren. Bereits im März 1948 hatten die Alliierten zur Vorbereitung der Währungsreform ein zweistufiges Zentralbanksystem mit rechtlich selbständigen Landeszentralbanken in den einzelnen Ländern der westlichen Besatzungszonen und der „Bank deutscher Länder" in Frankfurt errichtet. Die Bank deutscher Länder war von Anfang an unabhängig von deutschen politischen Stellen, auch von der im September 1949 tätig werdenden Bundesregierung. Ihre volle Autonomie gegenüber den Alliierten erlangte sie 1951. Nach den zweimal durchlebten unglückseligen Erfahrungen mit einer weitgehend an Weisungen der Regierung gebundenen Notenbank stieß das Prinzip der Notenbankautonomie damals kaum auf größere Widerstände.

Geldwertverschlechterung ist allerdings kein neuzeitliches Problem. Über die Jahrhunderte hinweg wurde versucht, das Geldwesen zur Durchsetzung politischer Ziele zu mißbrauchen. Teuerung und Staatsbankrott ziehen sich durch die

Wirtschaftsgeschichte Europas, wie Kriege und Massenseuchen durch die allgemeine Geschichte. Aber auch in unserer Staatsform – das haben insbesondere die siebziger Jahre wieder gezeigt – besteht für Politiker die Versuchung, die monetäre Politik für nicht-wirtschaftliche Ziele einzusetzen. Die häufige Beschränkung des Blickfeldes auf den Tellerrand der nächsten Wahl steht u. U. im Gegensatz zu den langfristig notwendigen Maßnahmen. Und etwas mehr Inflation wird hier nicht selten als hilfreich angesehen. Einen Schutz hiergegen kann eine von Weisungen unabhängige, mit einem klaren Auftrag versehene Währungsbehörde bieten. Alliierte und dann der Bundesgesetzgeber haben diese Konsequenz gezogen.

Im Bundesbankgesetz von 1957 ist der Bundesbank die Sicherung der Währung als Hauptaufgabe zugewiesen worden, und sie wurde hinsichtlich ihrer geldpolitischen Maßnahmen unabhängig gemacht. Meine dritte These lautet daher:

These 3: *Die Unabhängigkeit der Notenbank von politischer Einflußnahme wurde von den deutschen und amerikanischen Gründungsvätern unserer Wirtschaftsverfassung als Voraussetzung für die Sicherung der Geldwertstabilität angesehen.*

Der Start der D-Mark und der deutschen Geldpolitik war angesichts der labilen gesamtwirtschaftlichen Lage, insbesondere der großen Strukturprobleme, schwierig. Für die Bank deutscher Länder stellte sich die vordringliche Aufgabe, der neuen Währung erst einmal zu Geldfunktionen zu verhelfen und zu verhindern, daß der überall zu spürende Kapitalmangel über eine falsche Politik des reichlichen Geldes zu „beheben" versucht wurde. Dieser Versuchung hat sie trotz zahlreicher Vorwürfe von außen widerstanden. Das 1950/51 zur Bewältigung der Koreakrise in Gang gesetzte wirtschaftliche Sanierungsprogramm hatte raschen Erfolg. Es sah neben einer „Breitseite" geldpolitischer Restriktionen (im übrigen gegen ausdrücklichen Wunsch von Bundeskanzler *Adenauer,* der damals die entscheidende Sitzung des Zentralbankrates vorzeitig und mißgestimmt verließ) auch eine vorübergehende Aufhebung der schon in Gang gesetzten Einfuhrliberalisierung vor, da die Bundesrepublik von der Devisenlage her am Rande der Zahlungsunfähigkeit war. Bereits im Jahre 1951 erzielte die Bundesrepublik einen Leistungsbilanzüberschuß, und der Anstieg der Verbraucherpreise, der im vierten Quartal 1951 den seither nicht mehr verzeichneten Höchststand von 11 % erreicht hatte, flaute rasch ab. In dieser Zeit präsentierten dann namhafte US-Ökonomen (*Alwin M. Hansen, Richard Musgrave* und *Walter W. Heller*) in einem Bericht über die Wirtschaftslage in der Bundesrepublik Ratschläge für eine Politik des „billigen Geldes", aber *keynesianische* Gedankengänge fanden damals noch keine wirkliche Resonanz in Deutschland.

Auch später hatte die Bundesbank wiederholt politischen Pressionen zu widerstehen, die Geldpolitik stärker für die binnenwirtschaftliche Expansion einzusetzen. Beispielhaft hierfür steht die „Gürzenich-Rede" *Adenauers,* in der er die Diskonterhöhung von 4½% auf 5½% (die übrigens von dem damals im Zentralbankrat anwesenden Finanzminister *Fritz Schäffer* unterstützt wurde) im

Mai 1956 als „Fallbeil" für die Konjunktur bezeichnete. *Adenauer* übertrieb natürlich, wenn er sagte – ich gebe hier eine Äußerung des damaligen Präsidenten des Direktoriums *Wilhelm Vocke* wieder – :„Die wirtschaftspolitische Macht des Kanzlers endet vor den Toren der Bundesbank." (Immerhin hat derselbe Bundeskanzler *Vocke* 1957 nicht zum Präsidenten der neu geschaffenen Bundesbank gemacht.) Die Bundesbank hat ja die Wirtschaftspolitik der Bundesregierung zu unterstützen, solange dadurch nicht die Geldwertstabilität gefährdet wird.

Nachdem die D-Mark ihre Startschwierigkeiten überwunden hatte, folgte binnenwirtschaftlich eine lange Phase moderater Preissteigerungen; von 1952 bis 1969 erhöhten sich die Verbraucherpreise im Durchschnitt um wenig mehr als 1 %. Dieser Erfolg in den frühen Jahren führt mich zu meiner vierten These:

These 4: *Die deutsche Notenbank ist kein „Papiertiger"; sie trat seit der Währungsreform mit ihren Maßnahmen konsequent für Preisstabilität ein und widerstand weitgehend den Versuchungen, eine Politik des „billigen" Geldes zu betreiben.*

Rasch zunehmende Bedeutung der D-Mark

Die bestandenen Bewährungsproben zahlten sich alsbald auch darin aus, daß die D-Mark international an Vertrauen gewann. Innerhalb nur eines Jahrzehnts gelang es der Bundesrepublik Deutschland, unabhängig von der anfangs notwendigen und stimulierenden ausländischen Hilfe zu werden (*Marshall-Plan* von 1947, Kredite der Europäischen Zahlungsunion 1950). Sie wurde zudem als Mitglied des IWF und der Europäischen Wirtschaftsgemeinschaft (gegründet 1957) akzeptiert. Begünstigt durch das kräftige Wachstum, konnte der Fiskus zeitweilig hohe Haushaltsüberschüsse erwirtschaften, die natürlich die Tendenz zu Devisenüberschüssen förderten.

Neben der wachsenden Wettbewerbsfähigkeit der deutschen Industrie trug hierzu insbesondere der Stabilitätsvorsprung gegenüber den übrigen Industrieländern bei, der sich nach den Sanierungsmaßnahmen von 1950/51 herausbildete und – mit gewissen Unterbrechungen – praktisch über die ganze Nachkriegszeit erstreckte. Die Festigung der außenwirtschaftlichen Position und ein Devisenpolster, das Ende 1958 drei Viertel der Einfuhren eines gesamten Jahres entsprach, ermöglichten es der Bundesrepublik, die vielfachen Regulierungen im zwischenstaatlichen Wirtschaftsverkehr abzuschaffen und die D-Mark voll konvertibel zu machen.

Erstmals seit 1931 konnten Deutsche ihre Währung beliebig in andere Währungen tauschen, anlegen oder ausgeben, so wie heute! Innerhalb von nur zehn Jahren war die D-Mark in den Kreis der international führenden Währungen eingetreten. Das geldpolitische Leitmotiv des Präsidenten des Direktoriums der Bank deutscher Länder *Wilhelm Vocke:* „Mit weichen Maßnahmen kann es keine harte Währung geben" zahlte sich nun augenfällig aus. Hieraus ergibt sich

These 5: *Eine solide, auf Geldwertsicherung bedachte Geldpolitik hat die D-Mark überraschend schnell zu einer international angesehenen Hartwährung gemacht und der Bevölkerung große persönliche Freiheiten zurückgegeben.*

Geldpolitik bei liberalisierten Finanzmärkten und zunehmender außenwirtschaftlicher Verflechtung

Nach und nach fielen in der Bundesrepublik auch die letzten Reglementierungen auf jenen Märkten, die *Erhards* Elan noch nicht erreicht hatte. Es gab insbesondere einengende Vorschriften für die Zinsbildung, vor allem bei Wertpapieren, wie Pfandbriefen und Kommunalobligationen, aber auch für Bankeinlagen. Das „breite Publikum" konnte in den Anfangsjahren auch von dieser Seite her kein Interesse am Wertpapiererwerb finden. Ein Haupthemmnis war, daß man sich die Finanzierung des Wohnungsbaus – einer damals besonders dringlichen Investition – bei marktgerechten Zinsen nicht vorstellen konnte. Erst im Herbst 1958 war es zum ersten Mal möglich, ohne staatlichen Zinsdirigismus und ohne steuerliche Begünstigungen besonderer Art Pfandbriefe und Kommunalobligationen zu emittieren mit einem Nominalzins von 5 % bei einer Laufzeit von zumeist vierzig Jahren und darüber. Das Vertrauen in die junge Deutsche Mark war auch auf diesem Felde gewonnen.

Mitte der sechziger Jahre wurden dann auch die letzten administrativen Eingriffe in das Kreditsystem abgebaut; mit der Liberalisierung der Soll- und Habenzinsen, für die bis dahin gewisse staatliche Limits einzuhalten waren, wurden die Kreditinstitute völlig frei bei der Gestaltung ihrer Konditionen. Diese Liberalisierung der Finanzmärkte in der Bundesrepublik bot im weiteren Verlauf wenig Anlaß zu „Deregulierungsaktionen". Anders als in manchen Industrieländern (wie z. B. in Frankreich und teilweise in Japan) sah das Bundesbankgesetz von 1957 von vornherein keine administrativen Höchstgrenzen für die zulässige Ausweitung der Kredite und die Höhe der Kreditzinsen vor. Zinsbeschränkungen, die in anderen Ländern noch bis in die jüngste Vergangenheit vorhanden waren, haben dort in Verbindung mit hohen Inflationsraten den Erfindungsgeist der Märkte angeregt und zu „Finanzinnovationen" geführt. Nimmt man Teile des Wohnungswesens und der Landwirtschaft aus, so wurde in der Bundesrepublik auch in anderen Bereichen im weiteren Verlauf das freie Spiel der Marktkräfte nie zur Disposition gestellt und Zuflucht gesucht in allgemeinen Preis- und Lohnkontrollen, wie es in anderen Industrieländern zeitweise geschah, als diese hohen Inflationsraten und ausufernden Verteilungskämpfen gegenüberstanden und mit ihrem Latein der konjunkturellen Feinsteuerung am Ende waren. Auch hat sich unser Staat nicht zum „Leben mit der Inflation" bekannt wie andere europäische Länder, die Indexierungen im Wirtschaftsleben zuließen und damit Inflationsprozesse beschleunigten. Indexierungen sind nach dem Währungsgesetz von 1948 nicht zulässig, genauer: sie sind genehmigungsbedürftig. Die D-Mark allein ist der Anker unseres Geldwesens, unseres Papiergeldstandards, und gerade deshalb steht die Geldwertstabilität im Mittelpunkt der notenbankpolitischen Maßnahmen. Angesichts dieser Erfahrung möchte ich folgende These sechs aufstellen:

These 6: *Geldwertstabilität sichert den Fortbestand bzw. erleichtert den Übergang zu freien, unreglementierten Märkten und fördert einen dauerhaften Wachstumsprozeß. Strukturelle Probleme können nicht durch Inflation gelöst werden; Indexierungen sind keine Ersatzlösung für Stabilität.*

Die volle Liberalisierung der Finanz- und Gütermärkte nach innen und außen brachte allerdings für eine effektive geldpolitische Steuerung neue Probleme. Anfangs glaubte man, Geldwertstabilität im Innern und Währungsstabilität nach außen auf längere Frist gleichzeitig erreichen zu können. Angesichts eines inflatorischen Umfelds gerieten diese unterschiedlichen Zielsetzungen aber häufig in Konflikt. Bereits gegen Ende der „goldenen" fünfziger Jahre der deutschen Nachkriegszeit geriet die deutsche Geldpolitik in den Sog eines – teils von außen, teils von innen – angestoßenen moderaten wirtschaftlichen „Konjunkturzyklus". Dabei spielten einerseits eine kräftige Auslandsnachfrage und andererseits Übersteigerungen der heimischen Investitionstätigkeit, besonders des Wohnungsbaus, eine Rolle. Hinzu kam der Versuch, die Überschußposition in der Zahlungsbilanz durch expansive Geldpolitik zu begrenzen, weil restriktive geldpolitische Maßnahmen sich als *self-defeating* erwiesen, da sie den Devisenzufluß noch verstärkten. Dieses Dilemma ließ sich nur lösen, indem man zum Instrument der Aufwertung als stabilitätspolitischer Waffe griff. Die erste Aufwertung 1961 erlaubte eine längere Periode der Stabilität.

Gegen Ende der sechziger Jahre änderte sich das Umfeld der deutschen Geldpolitik in zweierlei Hinsicht. Unter dem Eindruck der ersten Nachkriegsrezession von 1966/67 gewann zum einen die „Globalsteuerung", also die an der Nachfrageseite ansetzende, hauptsächlich mit finanzpolitischen Instrumenten arbeitende Wachstums- und Stabilitätsförderung die Oberhand. Auch die Geldpolitik wurde stärker konjunkturpolitisch in die Pflicht genommen und ließ sich in die Pflicht nehmen.

Das zweite Problem betraf erneut die Frage der „außenwirtschaftlichen Absicherung". Die D-Mark-Aufwertung vom Oktober 1969 brachte hier nur eine vorübergehende Entlastung. Aufgrund anhaltender Staats- und Zahlungsbilanzdefizite in den USA – mit eine Folge des Vietnam-Krieges – und des *benign neglect* dieser Defizite in den USA wurde die Welt mit Dollars überschwemmt. Das Währungssystem von *Bretton-Woods,* das in praxi nur selten Wechselkursänderungen zuließ, wurde zu einem Transmissionsriemen für eine – schließlich weltweite – Inflationsbeschleunigung; es pervertierte zu einer internationalen „Inflationsmaschine". Versuche, den Zustrom von Auslandsgeld durch administrative Maßnahmen („Devisenbannwirtschaft") zu unterbinden, mißlangen, mußten mißlingen. Die Stabilisierung im Innern stellte sich erst ein, als das weltweite Festkurssystem im März 1973 nach mehreren Etappen – wie dem vorübergehenden Floaten der

D-Mark vom Mai bis Dezember 1971, der offiziellen Aufhebung der Goldkonvertibilität des Dollars im August 1971, der Wechselkursneuordnung im Dezember 1971 und einem Währungschaos im Februar/März 1973 – aufgegeben wurde. Unschwer ergibt sich

These 7: *In einer Wirtschafts- und Währungsordnung, die sich auf Freizügigkeit der Kapital- und Handelsströme gründet, müssen in einer inflatorischen Umwelt Wechselkursanpassungen zur Sicherung kaufkraftstabilen Geldes möglich sein.*

Geldmengenziele zur Stabilisierung der Erwartungen

Mit dem Übergang zum Floaten gewann die Bundesbank fürs erste die Herrschaft über das heimische Geldsystem zurück. Die Rückgewinnung stabiler Verhältnisse war angesichts der inzwischen sehr ausgeprägten Inflationserwartungen nicht einfach. Insbesondere erwies es sich 1974 – nach dem Übergang zum Floaten, der dann folgenden Aufwertungen und der Vervierfachung des Ölpreises – als schwierig, der Öffentlichkeit, vor allem den Sozialpartnern, klarzumachen, daß bei der von nun an wieder möglichen stabilitätskonformen Geldpolitik die nominalen Einkommensansprüche nicht wie zuvor mit zweistelligen Zuwachsraten weiter steigen konnten.

Um die Erwartungen in der Wirtschaft zu stabilisieren, verkündete die Bundesbank für das Jahr 1975 als erste Zentralbank ein jährliches Geldmengenziel. An der Praxis, Geldmengenziele für das jeweils kommende Jahr aufzustellen und der Öffentlichkeit vorher bekannt zu geben, hat sie seither festgehalten. Auch wenn das Geldmengenziel später technischen Änderungen unterworfen war und auf unterschiedliche Weise festgesetzt wurde, in der Sache ging es stets darum, mit Hilfe einer im voraus formulierten Grundlinie der Geldpolitik einen hohen Stabilitätsstandard zu realisieren und eine stetige Wirtschaftsentwicklung von der monetären Seite her zu fördern.

Die Steuerung der Geldmenge war keine neuartige Konzeption oder Strategie. Bereits mit dem Tag „X", dem Tag der Ablösung des Inflationsgeldes, war die Knapphaltung der Deutschen Mark maßgebend für geldpolitisches Handeln. Mit dem Übergang zu vorangekündigten Geldmengenzielen versuchte die Bundesbank lediglich, den Auftrag des Bundesbankgesetzes, „den Geldumlauf und die Kreditversorgung der Wirtschaft (zu regeln) mit dem Ziel, die Währung zu sichern" *nach außen klar erkennbar* zu machen und sich selbst eine Orientierungslinie zu setzen.

Die Hinwendung zu einer geldmengenorientierten Politik beruhte auch auf der durch Theorie und Empirie belegten Erkenntnis, daß der Einsatz der Geldpolitik als Mittel zur Stabilisierung und Stabilerhaltung des Geldwertes nicht strittig ist, und daß sie hierfür besser geeignet ist als alle anderen Instrumente. Die siebziger Jahre hatten gezeigt, was vor allem in anderen westlichen Ländern und teilweise auch bei uns in Vergessenheit geraten war: Inflatorische Prozesse können auf längere Sicht nicht ohne eine entsprechende monetäre Überexpansion ablaufen. Deshalb sollte die Notenbank – auf mittlere Sicht jedenfalls – das Wachstum der Geldbestände grundsätzlich auf die realen Produktionsmöglichkeiten abstimmen und einen Geldüberhang vermeiden.

Die Bundesbank hat sich allerdings in ihrer Politik niemals einseitig an ihrem Geldmengenziel orientiert. Ein so stark außenwirtschaftlich verflochtenes Land kann sich niemals frei wähnen von unerwarteten, die eigene Zielsetzung konterkarierenden Auslandseinflüssen. Außerdem konnte auch nicht unterstellt werden, daß die geldpolitischen Instrumente es erlauben würden, die Geldmenge über ganz kurze Zeiträume hinweg – einzelne Monate oder gar Wochen – zielgenau zu steuern. Die vielfältigen Einflüsse verlangen eine *flexible response,* z. B. konnten die hohen Ausschläge des Dollarkurses und deren Konsequenzen für Preise, Kosten, Realeinkommen und Konjunktur im Inland nicht vernachlässigt werden. Wenn übermäßige Höherbewertungen des DM-Wechselkurses – wie 1978 und 1986/87 – die Entwicklung der heimischen Wirtschaft gravierend zu stören drohten, ließ die Bundesbank notgedrungen Überschreitungen ihrer Geldmengenziele zu, um durch Niedrighalten ihrer Zinssätze und Devisenankäufe den Aufwertungsdruck zu mildern und der Binnennachfrage eine Stütze zu geben.

Daher hat sich die Deutsche Bundesbank auch nie dogmatisch und ausschließlich an monetaristischen Vorstellungen orientiert. Dies zeigte sich auch darin, daß die Zwischenzielgröße – Zentralbankgeldmenge und Geldmenge M3 – geändert wurde. Das Wachstum der Zentralbankgeldmenge steht zur Zeit nicht mehr in einem klar ersichtlichen Zusammenhang mit der (zukünftigen) Ausgabenentwicklung, weil die Aufwertung der D-Mark und die historisch niedrigen Zinssätze den Bargeldumlauf ungewöhnlich aufblähen. Das Wachstum der Geldmenge M3 sollte aber auf Zielkurs gehalten werden.

Insgesamt war jedoch die Politik der Geldmengensteuerung erfolgreich. Sie hat den Trend der säkular steigenden Inflationsraten zu Anfang der siebziger Jahre brechen können. Seit 1986 ist in der Bundesrepublik, unterstützt durch die stark rückläufige Entwicklung der Einfuhrpreise, erstmals seit Ende der fünfziger Jahre wieder Preisstabilität erreicht. Die konjunkturelle Entwicklung schwenkte seit 1981/82 auf einen stetigen Wachstumsprozeß ein, der schon erstaunlich lange anhält und vermutlich noch nicht zu Ende ist. Wenn sich derzeit eine Gefährdung des Aufschwungs aufbauen sollte, so käme sie nicht von Überinvestition und Überkapazitäten, in den Überschußländern gewiß auch nicht von einer Überkonsumtion, sondern von neuen Inflationsgefahren. Das Geldmengenwachstum ist bereits seit längerem weltweit zu hoch und läßt potentiell destabilisierende Geldüberhänge entstehen. Die geldpolitische Strategie vieler Notenbanken erscheint gegenwärtig so, als wolle man den bissigen Hund noch eine Weile streicheln, bevor man ihm den Maulkorb anlegt.

These 8: *Die Knapphaltung des Geldes war seit der Währungsreform maßgebend für geldpolitisches Handeln. Seit 1975 hat die Deutsche Bundesbank ihren*

Stabilisierungsauftrag durch die Bindung an knappe Geldmengenziele, die allerdings nie dogmatisch verfolgt worden sind, auch nach außen klar erkennbar werden lassen.

Die D-Mark als „Stabilitätsanker"

Die Geldmengensteuerung war auch bei flexiblen Wechselkursen, die es in „Reinkultur" sowieso nicht gab, abhängig von außenwirtschaftlichen Entwicklungen. Im Laufe der siebziger Jahre wurden die deutschen Geld- und Finanzmärkte immer enger in das internationale Finanzsystem und in die Tendenzen zur Globalisierung einbezogen; dies hat auch bei flexiblen Wechselkursen außenwirtschaftliche Zwänge für die nationale Währungs- und Wirtschaftspolitik erhöht. Zunehmend gewann die deutsche Währung international an Ansehen und wurde häufiger bei internationalen Handels-, Finanz- und Reservetransaktionen verwendet. Die weltweite Verflechtung der Geld- und Finanzmärkte wurde weiter dadurch gefördert, daß Finanzzentren mit besonderen Bedingungen für das internationale Bankgeschäft, wie etwa der Finanzplatz Luxemburg, entstanden sind. Am Eurogeldmarkt und am internationalen Anleihemarkt rangiert die D-Mark seit längerem an vorderer Stelle; international disponierende Anleger halten mittlerweile einen bedeutenden Grundbestandteil an DM-Papieren in ihren Portefeuilles. Finanzanlagen in Höhe von 650 Mrd. DM befinden sich heute in ausländischen Händen. Die Kurstendenz an den deutschen Wertpapiermärkten wird mitunter maßgeblich von Dispositionen ausländischer Anleger bestimmt.

Daneben ist die D-Mark zu einer wichtigen Interventionswährung avanciert; nicht zuletzt versuchen die Partner-Notenbanken im Europäischen Währungssystem häufig, mit Hilfe von Verkäufen und Käufen von D-Mark die Kurse ihrer Währungen innerhalb der fixierten Schwankungsgrenzen zu stabilisieren. Mitunter wurde die Stabilitätspolitik der Bundesbank in unseren europäischen Nachbarländern als eine notwendige Bedingung dafür genannt, daß sie ihre Politik der Inflationsdämpfung und Bewahrung der heimischen Stabilität erfolgreich verfolgen konnten. Insofern war das Beharren der Bundesbank auf hohen Stabilitätsstandards zugleich gute europäische Geldpolitik. Dies brachte freilich mit sich, daß die D-Mark und die Deutsche Bundesbank mehr und mehr in die Situation eines „Stabilitätsankers" in Europa und anderswo hineinwuchsen, was neue Überlegungen über unsere eigene geldpolitische Verantwortung mit sich bringen mußte.

So lehrt das Beispiel der USA als *economie dominante* der Weltwirtschaft und als politische und militärische Führungsmacht in der westlichen Welt, daß ihre Wirtschaftspolitik internationale Rückwirkungen haben kann, die als Belastung empfunden werden können, und daß ein *benign neglect* dieser Wirkungen auf die Dauer nicht möglich ist. In den letzten Jahren zeigte sich immer mehr, daß die Verantwortung für die westliche Weltwirtschaft nicht mehr allein von den USA getragen werden konnte, sondern auch von europäischen Ländern und Japan mit übernommen werden sollte. Nach wie vor ist allerdings der US-Dollar der natürliche Anker des Weltwährungssystems und sollte diese Funktion behalten. Für die Weltwirtschaft insgesamt ist nach meiner Ansicht ein Konsens über eine nicht-inflatorische monetäre Politik erforderlich. Dieser Verantwortung dürfen sich die westlichen Länder nicht durch langsame Reinstitutionalisierung von „Inflationsmaschinen" aus der Spätphase des *Bretton-Woods*-Systems entziehen. Was für die Welt als Ganzes gilt, muß auch für den wirtschaftlichen Teilkosmos „Westeuropa" gelten.

Mit der Beseitigung von Handelsbarrieren und Kapitalverkehrskontrollen und der Herstellung eines Binnenmarktes (bis 1992 geplant) sind auch weitere Schritte in Richtung auf eine Währungsunion in Europa naheliegend. Zunächst ist auf dem Währungsgebiet jener Qualitätsstandard allgemein herzustellen, der bisher nur für einen Kern europäischer Länder gilt, nämlich die volle und unwiderrufliche Abschaffung der noch vorhandenen Kapitalverkehrskontrollen, die Integration des britischen Pfundes in das Wechselkurssystem des EWS und die Beseitigung von anderen Sonderregelungen für bestimmte Währungen. Gleichzeitig sollen die Geld- und Finanzpolitik weiter in Richtung auf eine stetige und inflationsvermeidende Wirtschaftspolitik harmonisiert werden.

Mit einer solchen Politik dürfte es sich immer weniger vereinbaren lassen, die Instrumente der Geldpolitik für eine nationale Feinsteuerung der Konjunktur einzusetzen. Es wäre aber nicht unmöglich, ja, es wäre dringlich, in einer Union der europäischen Länder Geldwertstabilität als das Ziel der Geldpolitik zu verankern. Aber nicht nur über die innere Geldpolitik in Europa, sondern auch über alle Fragen der äußeren Währungspolitik bedarf es letzten Endes einer Einigung zwischen den Unionsmitgliedern. Der Weg zu einer solchen Währungsunion ist vermutlich lang und dornenreich und würde manchen Verzicht von den Beteiligten verlangen. Nur bei grundsätzlicher Einigung über den gemeinsam anzustrebenden Stabilitätsstandard ist dieser Weg aussichtsreich; er würde den Schlußstein der Integration auf den Gütermärkten und der Harmonisierung der Wirtschafts- und Finanzpolitik in einer einheitlichen Währung und einer europäischen Zentralbank setzen können. Deshalb heißt meine letzte These:

These 9: *In einer zukünftigen Union der europäischen Länder muß es schließlich ein einheitlich geregeltes Zentralbanksystem geben. Seine erste Aufgabe müßte es sein, den Geldwert stabil zu halten. Hierfür muß es über die notwendigen Instrumente verfügen und im Einsatz dieser Instrumente muß es unabhängig von politischen Weisungen sein.*

Vierzig Jahre Geldpolitik in der Bundesrepublik bieten einen reichen Erfahrungsschatz, aber sie verpflichten auch.

Otto Pfleiderer

Die beiden großen Inflationen unseres Jahrhunderts und ihre Beendigung

Gemeinsamkeiten

Die Jahre 1923 und 1948 bedeuten zwei tiefe Einschnitte im wirtschaftlichen Geschehen in Deutschland, beide mit weitreichenden Folgen auch auf politischem und gesellschaftlichem Gebiet. Beide Jahre sind markiert durch die abrupte Beendigung eines jahrelang andauernden Inflationsprozesses, durch den in seinen späteren Phasen das Geldwesen nahezu funktionsunfähig geworden war. Beide Inflationen hatten allmählich – und zunächst fast unmerklich – begonnen, die erste mit Kriegsbeginn 1914, die zweite *de facto* 1936 mit der Proklamation des Vierjahresplans und dem Beginn der Aufrüstung. Die treibende Kraft war in beiden Fällen die Finanzierung rasch wachsender staatlicher Defizite mit direkter und indirekter Hilfe des Notenbankkredits. Beide Inflationsprozesse brachten eine Verarmung weiter Kreise der Bevölkerung und zugleich eine weitgehende Vermögensumschichtung mit sich. Beide wurden nach intensiver Vorbereitung mit einem Schlag beendigt, wobei sich der Termin der Beendigung in beiden Fällen genau datieren läßt: am 20. November 1923 und am 20. Juni 1948. An diesen Tagen begann auf der ganzen Linie eine neue Ära, durch welche der bis dahin fortschreitenden Lähmung des Wirtschaftslebens rasch ein Ende gemacht wurde.

Beide Inflationen konnten nach Lage der Dinge freilich nicht durch simple „Stillegung der Notenpresse" beendigt werden, sondern es bedurfte in beiden Fällen subtiler Pläne zu ihrer Beendigung. An der Ausarbeitung dieser Pläne hatte erstaunlicherweise in beiden Fällen die Reichsbank so gut wie keinen Anteil, vielmehr bedurfte es in beiden Fällen eines Kraftakts der Staatsgewalt zur Beendigung der Inflation: 1923 von seiten der Reichsregierung, deren maßgebende Männer damals der Reichskanzler *Gustav Stresemann* und der Finanzminister *Hans Luther* waren, 1948 von seiten der von den westlichen Besatzungsmächten eingesetzten Militärregierungen, die damals faktisch die einzigen Träger der Staatsgewalt waren.

In beiden Fällen, 1923 und 1948, ging dem entscheidenden Kraftakt zur Wiederherstellung eines funktionsfähigen Geldwesens eine Periode vielfältigen Pläneschmiedens voraus. Verwirklicht wurden in beiden Fällen Pläne, die in ihrer Substanz im wesentlichen auf Ideen von außerhalb der Notenbank stehenden Fachleuten zurückgingen, die auch durch wissenschaftliche Leistung ausgewiesen waren: Im Jahr 1923 die Rentenmark-Idee von *Karl Helfferich,* 1948 wesentliche Teile eines Plans von *Gerhard Colm* und anderen zur Beseitigung des „Geldüberhangs".

Daß im Jahre 1923 die Reichsregierung den Stabilisierungsplan von *Helfferich* verwirklichte, war ausschließlich dem damaligen Reichsfinanzminister *Dr. Luther* zu verdanken.

Es sei mir an dieser Stelle ein kleiner Exkurs in die seltsamen Wechselfälle des politischen Lebens und ihre Folgen gestattet. Bei der notwendig gewordenen Umbildung der Reichsregierung am 6. Oktober 1923 war vom damaligen Reichskanzler *Stresemann* zunächst der Bankier *Hjalmar Schacht* als Reichsfinanzminister in Aussicht genommen. Aus schwerwiegenden politischen Gründen mußte aber seine Ernennung im letzten Augenblick unterbleiben. Wäre *Schacht* Finanzminister geworden, so läßt sich mit Sicherheit sagen, daß das Rentenmark-Projekt keinerlei Chancen der Verwirklichung gehabt hätte, denn Dr. *Schacht* war und blieb ein dezidierter Gegner dieses Projekts. Als er dann am 12. November 1923 zum Reichswährungskommissar ernannt wurde, stand die Ausgabe der ersten Rentenbankscheine am 15. November schon unmittelbar bevor. So hatte *Schacht* in diesem Amt an der Durchführung einer Währungsreform mitzuwirken, an deren Vorbereitung er nicht oder nur negativ beteiligt gewesen war und deren Grundideen und Erfolgschancen er stets äußerst skeptisch beurteilte. Aber das hinderte nicht daran, daß später, als alles gutgegangen war, in der öffentlichen Meinung das Verdienst an der Schaffung der Rentenmark weithin *Schacht* zugeschrieben wurde. Solche weitreichenden Folgen kann unter Umständen ein historischer Zufall haben.

Unterschiede zwischen den beiden Inflationen – ihre spezifischen Merkmale

1. Die große Inflation, die im November 1923 kulminierte, war in erster Linie gekennzeichnet durch einen fortschreitenden Anstieg der Devisenkurse und des inneren Preisniveaus. Zunächst, während des Krieges, war dieser Anstieg noch maßvoll, schon wegen der damals geltenden Höchstpreisvorschriften. Nach Kriegsende hat sich, nicht zuletzt auch unter dem Druck der Reparationsverpflichtungen und des passiven Widerstands gegen die Besetzung des Ruhrgebiets, das Tempo der Geldentwertung mehr und mehr beschleunigt, in verstärktem Maße dann vom Sommer 1922 an, nach der Ermordung des Außenministers *Walther Rathenau,* und vom Sommer 1923 an nahm das Fortschreiten der Inflation ein wahrhaft atemberaubendes Tempo an, so daß die Entwertungsrate sich im Endergebnis bis auf 1 : 1 Billion Mark (1 Billion = 1000000000000) für den Dollarkurs und auf 1 : 1,25 Billionen für das innere Preisniveau (auf der Basis von 1913) kumulierte. Löhne und Gehälter stiegen freilich während der Inflationszeit im allgemeinen wesentlich weniger als die Devisenkurse und das von ihnen weitgehend abhängige innere Preisniveau. Von „Kosteninflation" konnte also damals keine Rede sein, und die Reallöhne verminderten sich erheblich. Das

rasante Tempo der Inflation brachte auch technische Probleme der Versorgung mit Zahlungsmitteln mit sich. Immer wieder nahm man seine Zuflucht zur Ausgabe von Notgeld verschiedener Art, wodurch aber natürlich die Inflation noch weiter angeheizt wurde.

Zur Selbstverstärkung der Inflation trug nicht zuletzt auch bei, daß die Reichsbank an ihrem Diskontsatz von 5 % unverständlicherweise noch bis zum Juli 1922 festhielt, obwohl der Inflationsprozeß damals schon weit fortgeschritten war. Durch dieses (von einem Gelehrten wie *Walter Eucken* schon frühzeitig kritisierte) Festhalten an einem viel zu niedrigen Diskontsatz wurde unvermeidlicherweise auch die Ausweitung des Direktgeschäftes der Reichsbank mit der Wirtschaft gefördert, so daß die Bestände der Reichsbank an Handelswechseln neben ihrem Bestand an Reichsschatzanweisungen durchaus ins Gewicht fielen. Auch hatte die erfolgreiche Propagierung des bargeldlosen Zahlungsverkehrs durch die Reichsbank angesichts der hohen Bankenliquidität zu einer beträchtlichen Ausweitung des Kreditpotentials der Geschäftsbanken geführt.

So kam es, daß neben der primären Inflationsquelle, der Finanzierung von Defiziten des Reichs durch die Reichsbank, auch eine sekundäre Inflationsquelle in Gestalt einer Ausweitung des Volumens der von den Geschäftsbanken (und der Reichsbank) gewährten Wirtschaftskredite immer kräftiger sprudelte. Die Wirtschaft nahm die Chance, zu solchen Bedingungen Kredite aufzunehmen und diese dann mit entwertetem Geld zurückzuzahlen, kräftig in Anspruch. Z. B. ist das damals zusammengebastelte Wirtschaftsimperium von *Hugo Stinnes* weitgehend auf dieser Grundlage zustande gekommen.

Eine zunehmende Flucht in die Sachwerte und eine sich ebenfalls ausbreitende Flucht aus der Mark in andere Währungen trugen gleichfalls zur Verstärkung der Inflation bei.

Mit dem Fortschreiten der Inflation wurde nun freilich die Mark als „Wertmaßstab" mehr und mehr problematisch, vor allem für den umfangreichen Sektor der „aufgeschobenen Zahlungen". An die Stelle des Rechnens in Mark trat immer stärker ein Rechnen in „Goldmark", wobei die „Goldmark" im allgemeinen definiert war als $^{10}/_{42}$ eines Dollars. Daneben wurden auch andere Wertmaßstäbe, wie z. B. der Roggenpreis u. a., für bestimmte Sektoren als Bemessungsgrundlage für Verbindlichkeiten angewandt.

Betriebswirte wie *Eugen Schmalenbach* und Juristen wie *Karl Geiler* erkannten früh die Problematik eines durch den fortschreitenden Inflationsprozeß mehr und mehr unbrauchbar gewordenen Wertmaßstabes.

Um solchen Schwierigkeiten Rechnung zu tragen, trat das Reichswirtschaftsministerium vom Sommer 1922 an für die Begebung von „wertbeständigen", d. h. auf Dollarbasis denominierten Anleihen ein, mit dem Ziel, die im Publikum weit verbreitete Flucht aus der Mark aufzufangen. Aber die Verwirklichung solcher Projekte des Wirtschaftsministeriums und anderer Stellen scheiterte noch bis 1923 stets am dezidierten Widerstand des Reichsbankdirektoriums.

Deshalb hat sich im Kreditwesen die „wertbeständige" Rechnung erst vom

Sommer 1923 an durchgesetzt. Schließlich ging sogar die Reichsbank selbst dazu über, ihren Kunden „wertbeständige" Lombardkredite auf Goldmark-Basis anzubieten, „wertbeständige" Diskontkredite jedoch paradoxerweise erst von Ende Dezember 1923 an, als die Stabilisierung schon fast sechs Wochen zurücklag. Auch der Emission einer „wertbeständigen" Anleihe des Reichs stimmte die Reichsbank schließlich zu.

So war in der Endphase der Inflation das gesamte Wirtschaftsleben von einem dichten Netz von Goldmark- und anderen Wertbeständigkeitsklauseln überzogen. Der jeweilige Stand des Dollarkurses wurde schließlich für die gesamte Bevölkerung zur wichtigsten Nachricht jeden Tages, und da jedermann bestrebt war, das ihm zufließende Geld so rasch wie möglich wieder auszugeben, stieg die Umlaufsgeschwindigkeit des Geldes in unvorstellbarem Maße an.

2. Bei der zweiten Inflation, deren Beginn, wie gesagt, auf das Jahr 1936 zu datieren ist, waren die damals maßgebenden Instanzen von Anfang an darauf bedacht, durch legislatorische und administrative Maßnahmen zu verhindern, daß die kräftige Geldvermehrung, die zur Finanzierung von Rüstung und Kriegführung auch diesmal wieder von der Reichsbank und mit ihrer Hilfe von den Geschäftsbanken betrieben wurde, erneut zu einem Prozeß fortschreitender Aushöhlung des Binnen- und Außenwertes der RM und den damit verbundenen gesellschaftlichen Umschichtungen führte. Dr. *Schacht* sorgte als Reichsbankpräsident für geeignete Methoden der „geräuschlosen" Finanzierung durch Reichsbank und Bankenapparat und für strenge Devisenkontrollen, *Hermann Göring* als Herrscher über den Vierjahresplan für rigorosen Preis- und Lohnstopp. So kam es schließlich zu dem Phänomen, das zutreffend und anschaulich als „zurückgestaute" Inflation mit wachsendem „Geldüberhang" bezeichnet wurde.

Der Geldüberhang lief, in der Sprache der Geldtheorie ausgedrückt, auf eine extreme Verringerung der Umlaufsgeschwindigkeit des Geldes hinaus. Aber der Markt wußte sich angesichts des wachsenden Geldüberhangs für seine anhaltende Mißhandlung zu rächen. Zwar konnte die Funktion der Reichsmark als Wertmaßstab auf den Krücken von Preisstopp und Zentralverwaltungswirtschaft noch einigermaßen aufrechterhalten werden, aber um so schlechter war es um ihre Funktion als Zahlungsmittel bestellt. Geldbesitz vermochte immer weniger Zugang zur Güterwirtschaft zu verschaffen. So blühten alle möglichen Formen des Schwarzen Marktes; es genügt, an das Stichwort „Zigarettenwährung"zu erinnern. Es machte für viele keinen Sinn mehr, den Markt mit Waren zu beliefern, wenn man mit dem Geld, das man dafür erhielt, so gut wie nichts mehr kaufen konnte, oder wenn man in den späteren Phasen befürchten mußte, daß das Geld, das man einnahm, früher oder später einer so oder so gearteten Währungsreform zum Opfer fallen würde.

So trug wiederum, merkwürigerweise ähnlich wie 25 Jahre zuvor, die allgemeine Erwartung einer bevorstehenden einschneidenden Reform dazu bei, diese Reform unerläßlich zu machen, und für die Zeit bis dahin breitete sich eine weitgehende

Lähmung des Wirtschaftslebens aus. Zugleich wuchs freilich auch die Einsicht, daß zur Wiederherstellung eines funktionsfähigen Geldwesens nötigenfalls ein hoher Preis zu zahlen sein werde. Das Opfer, das dem einzelnen abverlangt wurde, bedeutete ja zugleich das Aufstoßen eines Tores zum Weg ins Freie.

Bedingungen des Erfolges

Wie ist es zu erklären, daß beide Inflationen, die offene im Jahre 1923 und die zurückgestaute im Jahre 1948, gewissermaßen mit einem Schlag beendigt werden konnten?

1. Die Frage ist für 1948 wesentlich leichter zu beantworten als für 1923. Der Tatbestand, von dem die Reform ausgehen mußte, war eine enorm aufgeblähte Geldmenge, der kein auch nur halbwegs entsprechendes Güterangebot gegenüberstand. Um ein Gleichgewicht zwischen Geldbestand und Güterangebot herbeizuführen, gab es, wenn man nicht einen offenen Inflationsprozeß gewissermaßen nachholen wollte, zwei Wege: entweder die vorhandene Geldmenge drastisch zu vermindern durch einen Hoheitsakt, also durch eine Geldvernichtung großen Stils, oder das im Geldüberhang gewissermaßen schlummernde Nachfragepotential unwirksam zu machen durch Blockierung des größten Teils der Geldmenge, etwa im Wege einer Zwangskonsolidierung. Beide Möglichkeiten wurden in der langen Vorbereitungsphase eingehend erörtert. Daneben gab es, bis in den Kreis hoch angesehener Währungspolitiker hinein, die skeptische Meinung, eine Währungsreform habe keine Sinn, solange nicht zunächst einmal die Wirtschaft gesundet sei.

Der erstaunlich rasche Erfolg der Währungsreform ist in erster Linie darauf zurückzuführen, daß im wesentlichen das Konzept der Zusammenstreichung des Geldvolumens verwirklicht wurde.[1] Das Hauptproblem dabei war die Frage, wie eine solche Zusammenstreichung bewerkstelligt werden sollte. Welches neue Geldvolumen dabei anzustreben sei, darüber tappten alle Beteiligten zunächst im dunkeln. Niemand vermochte mit einiger Treffsicherheit die optimale Zielgröße zu quantifizieren. Über diese Frage gingen die Meinungen auch im engsten Kreis der Sachverständigen weit auseinander, und ein Mitglied des „Konklaves" schied sogar aus diesem Gremium aus, weil er überzeugt war, das aus der in Aussicht genommenen Umwandlungsquote resultierende Geldvolumen werde sich als viel zu hoch erweisen.

Im Ergebnis war es angesichts der Unsicherheit über das optimale Geldvolumen wohl richtig, einen gewissen Kompromiß mit dem Gedanken der Blockierung zu schließen und die Möglichkeiten einer begrenzten Freigabe von blockierten Guthaben offenzuhalten. Dies geschah durch die Schaffung von „Festkonten", deren Schicksal zunächst in der Schwebe blieb. Aus der nachträglichen Freigabe eines Teils der Festkonten ergab sich schließlich der krumme Umwandlungssatz für Bankguthaben (nicht auch für andere Reichsmarkforderungen) von 6,5 : 100.

1 Vgl. zum Folgenden auch den Beitrag *Möller* (inkl. Exkurs).

Daneben blieb natürlich auch die Möglichkeit offen, ein etwaiges Zuwenig an verbleibendem Geld durch Kreditausweitung auszugleichen, eine Möglichkeit, von der ja auch bald mit Hilfe des Bankenapparats Gebrauch gemacht wurde.

Die drastische Reduktion der verfügbaren Geldmenge hätte für sich allein freilich nicht ausgereicht, den überraschend starken Erfolg der Währungsreform zu begründen. Entscheidend kam vielmehr hinzu, daß *Ludwig Erhard,* damals Direktor der bizonalen Verwaltung für Wirtschaft (also quasi Wirtschaftsminister des „Vereinigten Wirtschaftsgebiets"), unerschütterlich überzeugt von der Wirksamkeit der Währungsreform, den Mut hatte, kurz nach der Währungsreform die Wirtschaft weitgehend aus den Fesseln der Zwangswirtschaft zu befreien und damit den Grundstein zu legen für die Entwicklung der „Sozialen Marktwirtschaft". Auf diese Weise wurde unmittelbar nach der Währungsreform rasch ein verstärktes Angebot auf den Märkten hervorgelockt – so ärgerlich es auch für viele Konsumenten sein mochte, daß plötzlich die von den Produzenten und Händlern zurückgehaltenen Güter auf dem Markt zum Vorschein kamen.[2]

2. Viel schwieriger ist es zu erklären, wieso es im November 1923 gelingen konnte, die mit einem sich von Tag zu Tag beschleunigenden Tempo galoppierende Inflation mit einem Schlag zum Stehen zu bringen. Daß das irgendwie mit der „Rentenmark" zusammenhing, weiß jeder. Aber wie sah dieser Zusammenhang aus und was war überhaupt die Rentenmark?

Zunächst: Was war die Rentenmark *nicht?* Erstens war sie nicht etwa die offizielle Währungseinheit, die an die Stelle der bisher geltenden Mark-Währung getreten wäre, so wie 25 Jahre später die Deutsche Mark von einem Tag zum anderen als neue offizielle Währungseinheit an die Stelle der Reichsmark trat. Vielmehr blieb die Mark weiterhin – und zwar bis zum August 1924, als sie durch die Reichsmark abgelöst wurde – die offizielle Währung des Deutschen Reiches. Auch wurden die auf „Rentenmark" lautenden, von der Deutschen Rentenbank ausgegebenen „Rentenbankscheine" nicht etwa gesetzliches Zahlungsmittel. Gesetzliches Zahlungsmittel blieben vielmehr ausschließlich die auf Milliarden und schließlich auf Billionen Mark („Papiermark") lautenden Noten der Reichsmark.

Rechtlich und formal betrachtet fielen die „Rentenbankscheine" also in die Kategorie des fakultativen Geldes, ähnlich wie das schon vorher in mannigfacher Weise neben dem offiziellen Geld umlaufende Notgeld. Wichtig für das Vertrauen, das der Rentenmark von der Bevölkerung entgegengebracht wurde, war neben der strikten quantitativen Begrenzung der Emission von Rentenbankscheinen ihre Einlösbarkeit in „wertbeständige" Titel. Auf den Rentenbankscheinen war mit den Unterschriften sämtlicher Verwaltungsmitglieder die Verpflichtung der Rentenbank aufgedruckt, die von ihr ausgegebenen auf Rentenmark lautenden Rentenbankscheine jederzeit auf Verlangen des Inhabers „gegen ihre auf Goldmark lautenden mit 5 v. H. verzinslichen Rentenbriefe einzulösen". Damit waren die Rentenbankscheine indirekt, aber doch in durchaus rechtsverbindlicher Weise mit

2 Vgl. dazu auch die Beiträge *Schlesinger, Möller, Schiller* und *Buchheim.*

der Goldmark als der damals im gesamten Wirtschaftsleben herrschenden „wertbeständigen“ Rechnungseinheit verbunden. Von einer „Abstellung des Geldes auf den Wert von Grund und Boden“ konnte also entgegen einer weitverbreiteten, damals auch von *Hjalmar Schacht* geteilten Meinung keine Rede sein.

Aber auch wenn somit die Rentenbankscheine nach der damaligen Terminologie als „wertbeständig“ anzusehen waren, so folgte daraus noch lange nicht, daß durch die Ausgabe von Rentenbankscheinen schon eine *Stabilisierung der Mark* als solcher, also der geltenden, durch den fortschreitenden Inflationsprozeß kompromittierten Währung bewirkt worden wäre. Dazu mußten einige weitere Bedingungen erfüllt werden. Vor allem mußte jede weitere Diskontierung von Reichsschatzanweisungen durch die Reichsbank von einem Tag auf den anderen unwiderruflich eingestellt und damit die wichtigste Quelle des Fortschreitens der Inflation verstopft werden. Um dies zu ermöglichen, ohne das Reich zur Einstellung seiner Zahlungen zu zwingen, mußte dem Reich ein streng limitiertes Kreditkontingent bei der Rentenbank in Höhe von 1,2 Mrd. Rentenmark eingeräumt werden. Mit diesem Überbrückungskredit mußte der Reichsfinanzminister wohl oder übel auskommen, bis es ihm möglich war, seine Ausgaben durch laufende Einnahmen zu decken. Und schließlich mußte die Reichsbank von der Rentenbank in die Lage versetzt werden, ihre umlaufenden Mark-Noten zu einem festen Umrechnungssatz (zunächst 1 : 600 Milliarden, dann bald schon auf Dauer 1 : 1 Billion) in Rentenbankscheine umzutauschen.

Erst auf der durch die Erfüllung dieser Bedingungen hergestellten Vertrauensbasis war es möglich, einen Milliardenbetrag von zusätzlichem Geld in Form von Rentenbankscheinen ohne inflatorische Wirkung im Verkehr unterzubringen – so paradox es auf den ersten Blick auch scheinen mußte, daß die Beendigung einer Inflation mit einer gewaltigen Vermehrung des umlaufenden Geldes einhergehen sollte. Der Schlüssel für das Verständnis dieses Paradoxons liegt offenkundig im Phänomen der Umlaufsgeschwindigkeit des Geldes. Diese hatte in der letzten Phase der Inflation in unvorstellbarem Maße zugenommen. So kam es, daß der astronomische Betrag von 224 Trillionen Mark, den die Reichsbank in ihrem ersten Ausweis nach der Stabilisierung (23. 11. 1923) als Notenumlauf verzeichnete, auf „Goldmark“ umgerechnet doch nur den lächerlich geringen Betrag von 224 Millionen Goldmark erreichte. Mit anderen Worten: Die Kassenhaltung der Bevölkerung und der Wirtschaft war in der letzten Phase der Inflation, real gerechnet, auf ein Minimum zurückgegangen, so daß durch die Wiederherstellung einer dem wirtschaftlichen Bedarf angemessenen Kassenhaltung der große Stoß an zusätzlich in den Umlauf gebrachtem Geld in Gestalt eines Milliarden-Betrages an Rentenbankscheinen ohne inflatorische Wirkung aufgefangen werden konnte. Es war sozusagen möglich geworden, letztmals einen großen Schluck aus der Pulle zu nehmen und dabei im Publikum das Vertrauen zu begründen, daß dies definitiv der letzte Schluck sein werde. Das erforderte natürlich einen erheblichen Vertrauensvorschuß; aber über diesen verfügte die damalige Reichsregierung durch ihre offenkundige eiserne Entschlossenheit, der Inflation definitiv ein Ende zu machen.

Vor dem Hintergrund dieser Fakten gelang es, den damals für das gesamte Wirtschaftsleben maßgebenden Dollarkurs an der Berliner Börse vom 20. 11. 1923 an auf den Stand von 4,2 Billionen Mark (= 4,20 Rentenmark) für einen Dollar nachhaltig zu stabilisieren. Damit begann eine neue Phase des wirtschaftlichen und politischen Lebens in Deutschland. Das „Wunder der Rentenmark" steht gewiß ebenbürtig neben dem „deutschen Wirtschaftswunder" nach 1948.

Nach der Stabilisierung der Mark auf dieser Basis sah es zunächst so aus, als hätten sich nicht nur die Reichsanleihen, sondern auch alle anderen alten Geldvermögenstitel in nichts aufgelöst und es seien nicht nur das Reich, sondern alle Schuldner alter Geldverbindlichkeiten ihre Schulden durch totale Entwertung losgeworden. Aber durch diese Rechnung machte schon wenige Tage nach der Stabilisierung das Reichsgericht einen dicken Strich, indem es die Rückzahlung von Verbindlichkeiten mit entwertetem Geld als einen Verstoß gegen den fundamentalen Grundsatz von Treu und Glauben bezeichnete. Diese Entscheidung des Reichsgerichts rief zunächst bei der Reichsregierung und auch bei der Reichsbank helles Entsetzen hervor. Faktisch wurden die Regierung und der Gesetzgeber vom Reichsgericht gezwungen, eine (wenn auch mäßige) Aufwertung alter Geldverbindlichkeiten in die Wege zu leiten.

Aber auch durch die spätere Aufwertung war der Schock, den die Inflation für die Sparer mit sich gebracht hatte, nicht ausgeräumt. Die besondere Inflationsempfindlichkeit des deutschen Publikums ist gewiß nicht zuletzt durch die Enttäuschung bedingt, die den Sparern durch zwei katastrophale Inflationen zugefügt worden sind.

In den vierzig Jahren, die seit der Währungsreform von 1948 vergangen sind, sind uns glücklicherweise weitere Währungskatastrophen erspart geblieben. Das ändert freilich nichts daran, daß die Stabilität des Geldwertes weiterhin ein Gegenstand der Sorge bleibt. Und wenn die Deutsche Mark in diesen vierzig Jahren nicht weniger als zwei Drittel ihrer anfänglichen Kaufkraft verloren hat, so ist dies gewiß kein Grund zur Selbstzufriedenheit.

EXKURSE (verfaßt von Hans Möller)

A. Zum „Wunder der Rentenmark“

Wie von *Otto Pfleiderer* dargelegt, gelang es mit Hilfe der Rentenmark, eines neuen von Mitte November 1923 an in Umlauf gebrachten Zahlungsmittels, den im Gang befindlichen Prozeß der Hyperinflation innerhalb eines Monats zu stoppen und somit eine Stabilisierung des Geldes herbeizuführen, was seinerzeit als ein Wunder empfunden wurde. Um diesen Vorgang zu verstehen und die Bedeutung der Rentenmark richtig zu beurteilen, muß man sich den Zustand des Geldwesens während der Hochinflation vergegenwärtigen.

Bis Mitte November 1923, also vor der Emission der Rentenmark, war die Entwertung der Mark (des einzigen gesetzlichen Zahlungsmittels) so weit fortgeschritten, daß trotz einer im Umlauf befindlichen Banknotenmenge von ca. 93 Trillionen (10^{18}) Mark der über den amtlichen Berliner Dollar-Mittelkurs umgerechnete Goldmark-Wert des gesamten Umlaufs *aller* Zahlungsmittel nur knapp 460 Mio. Goldmark betrug. Das war weniger als ⅟₁₃ des gesamten Bargeldumlaufs im Deutschen Reich im letzten Friedensjahr (1913). Von diesem realen Wert der gesamten Bargeldmenge in Höhe von 460 Mio. GM entfielen nur 155 Mio. GM auf gesetzliche Zahlungsmittel; der Rest bestand aus Notgeld (304 Mio. GM). Notgeld wurde von zahlreichen (zeitweise 700–800) öffentlichen Stellen (vor allem Gemeinden) und privaten Unternehmen ausgegeben und seine Zirkulation war in der Regel regional und zeitlich begrenzt. Es herrschte also ein erheblicher Bedarf insbesondere an wertbeständigen Zahlungsmitteln, selbst wenn man berücksichtigt, daß neben dem statistisch erfaßten Umlauf deutscher Zahlungsmittel noch ausländische Zahlungsmittel (Devisen) in beträchtlicher Menge umliefen. Wertbeständiges Notgeld gelangte schon 1922 in den Verkehr und seine Emission wurde von der Reichsbank und der Reichsregierung trotz fehlender rechtlicher Grundlage toleriert, z. T. sogar gefördert. Sein Umlauf belief sich am 15. 11. 1923 bereits auf 286 Mio. GM.

Wegen der immer schneller fortschreitenden Entwertung hatte die Papiermark ihre Funktion nicht nur als Zahlungsmittel, sondern auch als Recheneinheit mehr und mehr eingebüßt. An ihre Stelle trat der US-$ bzw. die Goldmark, die durch die gesetzlich verankerte Parität von 4,20 GM = 1 US-$ fest miteinander verbunden waren. Wertbeständiges Notgeld wurde häufig in einer an den US-$ angelehnten Stückelung (z. B. über 1,05 Mark = ¼ US-$, bzw. 4,20 = 1 US-$) ausgegeben. Daneben gab es aber auch Sachwertnotgeld, das in Form von Gutscheinen auf Warenmengen (z. B. auf 150 kg Roggen, ausgegeben erstmalig am 1. 11. 1922 und wegen des Erfolgs erneut am 15. 6. 1923) zirkulierte.

Angesichts des atemberaubenden Tempos der Geldentwertung seit Mitte des Jahres 1923 lag es daher nahe, an die Schaffung eines neuen wertbeständigen Zahlungsmittels für das ganze Reichsgebiet zu denken. Um das Vertrauen in dessen

Wertbeständigkiet zu stärken, wurde zunächst die Emission von auf „Roggenmark“ lautenden Geldscheinen geplant, die in verzinsliche Rentenbriefe einlösbar sein sollten. Beide sollten von einer neuen Währungsbank ausgefertigt werden und – nach dem Vorbild der Hypothekenbanken – durch Belastungen des landwirtschaftlichen Grundbesitzes (Hypotheken) sowie des Betriebsvermögens der übrigen Berufsstände (Obligationen) gedeckt sein. Dieser Plan wurde – allerdings mit wesentlichen Modifikationen – in wenigen Wochen in die Tat umgesetzt. Aus der Roggenmark wurde die Rentenmark, die nunmehr in Anknüpfung an die Vorkriegsparität als Goldmark = 1/2790 kg Feingold definiert wurde. Sie war zwar nicht in Gold einlösbar, aber jeder Inhaber von Rentenbankscheinen hatte das Recht, für je 500 Rentenmark einen mit 5% verzinslichen und auf 500 Goldmark lautenden „Rentenbrief“ zu verlangen. Da die Reichsbank kaum noch Vertrauen genoß, wurde als neues Institut die „Deutsche Rentenbank“ gegründet, die für die Ausgabe der Rentenmarkscheine und Rentenbriefe verantwortlich war. Sie wurde mit einem Kapital von 3,2 Mrd. Rentenmark ausgestattet, das aus einer Rentenbank-Grundschuld bestand, die die Organisationen der Landwirtschaft und der übrigen Wirtschaftszweige zu übernehmen und zu verzinsen hatten.

Obwohl die Rentenmarkscheine keine gesetzlichen Zahlungsmittel waren und nur von öffentlichen Stellen zum Goldmarktwert angenommen werden mußten, verdrängten sie schnell die unbeliebten Papiermarkscheine. Ende des Jahres 1923, also 6 Wochen nach der ersten Ausgabe der Rentenmark, war der gesamte Bargeldumlauf von 460 Mio. Goldmark auf fast 2,3 Mrd. Goldmark gestiegen, wovon etwas mehr als 1 Mrd. auf die Rentenmark entfiel, die über die Reichsbank und Reichsbehörden an Stelle von Papiermark in den Umlauf kam. Eine inflatorische Wirkung dieser enormen Erhöhung der realen Geldmenge blieb aus, weil auf Grund des Verhaltens von Reichsregierung und Reichsbank die Bevölkerung an das Gelingen der Stabilisierung glaubte und sich ihrerseits entsprechend verhielt, so daß die Geldumlaufsgeschwindigkeit fast schlagartig zurückging. Die Emission von gesetzlichen Zahlungsmitteln wurde rigoros begrenzt, die Ausgabe von Rentenmark knapp gehalten, die Kreditversorgung des Reiches blieb – wenn auch auf einem noch zu hohen Niveau – streng limitiert und das umlaufende Notgeld – soweit nicht von der Reichsbahn ausgegeben – wurde ab Mitte November 1923 von der Reichsbank zügig aus dem Verkehr gezogen (indem die Reichsbank entgegen den früheren Gepflogenheiten dessen Annahme verweigerte). Die Zinssätze stiegen vorübergehend auf ein exorbitant hohes Niveau (z. B. für Rentenmarkausleihungen auf bis zu 10 – 20% pro Tag).

Was nicht gesetzlich geordnet, sondern der Geldpolitik durch die neu geschaffene und mit *Schacht* besetzte Stelle eines Reichswährungskommissars überlassen blieb, war die Festlegung eines festen Umtauschverhältnisses zwischen der Papiermark als nach wie vor gesetzlichem Zahlungsmittel und der neuen Rentenmark. Dieses mußte sich aus dem Devisen-(Dollar-)Preis in Papiermark ergeben, wie er an den Börsen im Ausland und Inland notiert wurde, da ja der Wert der Rentenmark in Gold und damit auch in Dollar (1 Dollar = 4,20 Rentenmark) gesetzlich festgelegt war. Durch eine entsprechende Manipulierung des von der Reichsbank für die Berliner Börse bestimmten Devisenpreises gelang es, diesen auf 4,2 Billionen (= 10^{12}) Papiermark pro Dollar endgültig zu fixieren, woraus sich die technisch einfach zu rechnende Relation 1 Billion Papiermark = 1 Rentenmark ergab. Zu diesem Zweck wurde der Dollarkurs in Berlin von seinem (im Vergleich zu den Auslandsnotierungen zu niedrigem) Stand am 12. 11. 1923 von 630 Mrd. Mark (= 0,63 Billionen) bis zum 20. 11. 1923 in mehreren Schritten auf 4,2 Billionen erhöht (also fast versiebenfacht), und diese massive Abwertung der Mark um rd. 85% reichte aus, um ihren Kurs nicht nur in Berlin (wo die Devisenbewirtschaftung nachhalf), sondern – nach einigen Wochen überspannter Devisenspekulationen – dann auch an den ausländischen Börsen auf dem gewünschten Niveau zu verteidigen.

Damit war die Stabilisierung der Mark mit Hilfe der Rentenmark gelungen, und es konnte auf dieser Basis am 30. 8. 1924 in Ablösung der (Papier-)Mark-Währung die neue Reichsmarkwährung eingeführt werden (1 Billion Mark = 1 Rentenmark = 1 Reichsmark). Da man während der Hochinflation ohnehin mit Goldmark gerechnet hatte und die Papiermark über den Dollarkurs in Goldmark zu bewerten gewohnt war, erwies sich die einer Goldmark entsprechende Rentenmark als eine vom Verkehr begrüßte Erleichterung. Die ungewöhnliche Konstruktion einer Deckung von in Gold definierten Rentenbankscheinen durch eine mit Zwangsabgaben verbundene Belastung des Vermögens der Landwirtschaft und der nicht-landwirtschaftlichen Betriebe war materiell überflüssig und hatte lediglich psychologische Wirkung, auf die es damals jedoch gerade ankam – folgte doch daraus eine absolute Obergrenze für die Emission von Rentenbankscheinen. Das Vertrauen in das neue Zahlungsmittel war schnell so groß, daß die an sich vorgesehene Einlösungsmöglichkeit in Rentenbriefe überhaupt nicht in Anspruch genommen wurde.

Entscheidend war, daß der ausdrücklich erklärte Verzicht des Reiches auf die weitere Inanspruchnahme von Reichsbank-Kredit wirklich eingehalten wurde, ohne daß dadurch eine politisch destabilisierende Finanzkrise entstand. Dazu hat der auf 1,2 Mrd. Rentenmark limitierte zinsgünstige bzw. sogar zinslose Kredit der Rentenbank an das Reich wesentlich beigetragen, dem zum Dollarkurs von 4,2 Billionen ein Papiermarkbetrag von 1200 Trillionen (10^{18}) entsprach. Das waren weit mehr als die gut 400 Trillionen (10^{18}) Papiermark, um die die gesetzlichen Zahlungsmittel von Mitte November bis zum Jahresende 1923 noch vermehrt wurden.

Mit der Stabilisierung der Mark kam auch der Auftrieb der Inlandspreise zum Ende. Die Großhandelspreisindexziffer stieg noch bis Ende November 1923 auf 1423 Milliarden und fiel dann bis Ende Dezember auf 1200 Milliarden zurück. Umgerechnet über den Dollarmittelkurs in Berlin belief sie sich auf 120 gegenüber einem Wert von 100 im Durchschnitt des Jahres 1913.

B. Zur „Aufwertung" von Geldforderungen

1. Mit fortschreitender Inflation wurde die für Geldschuldverhältnisse geltende Rechtsnorm „Mark = Mark" immer häufiger als eine nicht mehr zu tolerierende Ungerechtigkeit empfunden. Der Gläubiger, der gutes Geld zum Erwerb einer Geldforderung hingegeben hatte, mußte die Rückzahlung in einem stark entwerteten Geld akzeptieren, während die Schuldner riesige Schuldnergewinne erzielten. Nach der gelungenen Stabilisierung der Mark war ihr Wert auf den billionsten Teil (=1/1000000000000) einer Goldmark gesunken, so daß sie nicht einmal das Papier wert war, auf dem sie gedruckt wurde. Eine Markforderung war somit völlig wertlos geworden. Trotzdem hielten die Gerichte an der Rechtsnorm Mark = Mark zunächst fest, und erst Ende November 1923 kam es zu einer berühmt gewordenen Entscheidung des Reichsgerichts, nach der unter Berufung auf § 242 BGB („Der Schuldner ist verpflichtet, die Leistung so zu bewirken, wie Treu und Glauben mit Rücksicht auf die Verkehrssitte es erfordern") die Aufwertung einer Hypothek, also eine Abweichung vom Nominalprinzip Mark = Mark, für zulässig erklärt wurde.

Dieses für den Aufwertungsgedanken bahnbrechende Reichsgerichtsurteil wurde von der damaligen Reichsregierung im Hinblick auf die im Gange befindliche Stabilisierung der Mark – d. h. der Verhinderung ihrer weiteren Entwertung – heftig kritisiert und es wurde sogar erwogen, die Aufwertung von Geldschulden gesetzlich zu untersagen. Unter dem Druck der öffentlichen Meinung wurde jedoch darauf verzichtet und statt dessen eine gesetzliche Aufwertung von Geldschulden vorgenommen, durch die die richterliche Aufwertung zwar nicht ausgeschlossen war, aber in der Regel doch unterblieb. „Aufwertung" bezeichnet hier also – entgegen dem sonst üblichen Sprachgebrauch – nicht die Werterhöhung einer Währung gegenüber anderen Währungen, also eine entsprechende Änderung des Wechselkurses, sondern die wertmäßige Erhöhung des Nominalbetrages einer Geldschuld, insbesondere im Zusammenhang mit einer Zerrüttung des Geldwesens und dem Übergang zu einer neuen Währung.

2. Die Aufwertungsgesetzgebung seit der Stabilisierung der deutschen Währung ist kein Ruhmesblatt deutscher Gesetzgebungspraxis. Die ersten Vorschriften zur Aufwertung wurden mit der Dritten Steuernotverordnung vom 14. 02. 1924 erlassen, die jedoch in der Öffentlichkeit einen Sturm der Entrüstung auslöste, zum Gegenstand heftiger parteipolitischer und parlamentarischer Auseinandersetzungen führte und zu zwei Reichstagsauflösungen im Jahr 1924 beitrug. Unter dem Einfluß von entstehenden Interessensverbänden entwickelte sich eine intensive Aufwertungspropaganda, durch die Reichstag und Reichsregierung so unter Druck gesetzt wurden, daß am 16. 07. 1925 (also fast 1 ½ Jahre später) ein Aufwertungsgesetz für Hypotheken und andere Ansprüche sowie ein Anleihen-Ablösungsgesetz für öffentliche Anleihen verabschiedet wurde. Zur Durchführung dieser Gesetze waren zahlreiche Verordnungen notwendig, deren Inhalte die Aufwertungsdiskussion auch in den folgenden beiden Jahren nicht zur Ruhe kommen ließ. Erst nach

einem Gesetz vom 09. 07. 1927, das inhaltlich (nicht dagegen formal) auf eine weitgehende Novellierung des ursprünglichen Aufwertungsgesetzes hinauslief, ebbte die Aufwertungsdiskussion langsam ab, obwohl danach noch immer weitere Durchführungsverordnungen erforderlich waren.

Zur technischen Durchführung der gesetzlichen Aufwertung wurden gesonderte Behörden, die „Aufwertungsstellen" bei den Amtsgerichten, geschaffen, bei denen bis zur Jahreswende 1927/28 beispielsweise in Preußen über 2,8 Mio. Aufwertungssachen anhängig gemacht worden waren, von denen knapp 0,1 Mio. noch nicht abgeschlossen werden konnten; für Bayern werden für diesen Zeitpunkt über 0,5 Mio. abgeschlossene Verfahren angegeben.

3. Es lohnt nicht und wäre angesichts des Dschungels von sehr unterschiedlichen Aufwertungsregeln auf knappem Raum ganz unmöglich, das Aufwertungsrecht im einzelnen darzulegen. Gleichwohl ist es interessant, einige Grundsatzfragen und die für sie getroffenen Entscheidungen zu erörtern:

a) Gesetzliche und freie (richterliche) Aufwertung:

Die gesetzliche Aufwertung betraf nur bestimmte Kategorien von Grundschulden, Rentenschulden und Reallasten, Industrieobligationen, Pfandbriefe und verwandte Schuldverschreibungen, Versicherungsansprüche, Sparkasseneinlagen, unbestimmt abgegrenzte sonstige Vermögensanlagen sowie öffentliche Anleihen. Nicht aufgewertet wurden Bank- und Kontokorrentguthaben. Eine freie Aufwertung kam zum Zuge, soweit die Bestimmungen der gesetzlichen Aufwertung nicht entgegenstanden. Durch die Rechtsprechung des Reichsgerichts wurde der Spielraum für die freie Aufwertung im Laufe der Jahre stark eingeschränkt.

b) Berücksichtigung zeitlicher Kriterien:

Bei noch nicht zurückgezahlten Schulden mußte berücksichtigt werden, ob die Forderung mit wertgesicherter Goldmark etwa vor Kriegsbeginn oder mit bereits stark entwerteter Papiermark des Jahres 1922 erworben worden war. Hier wurde festgelegt, daß bei vor dem 01. 01. 1918 entstandenen Forderungen Mark = Goldmark gilt, während für die danach begründeten Forderungen in einer Tabelle die Umrechnung von Mark in Goldmark entsprechend der eingetretenen Markentwertung vorgeschrieben wurde.

Ferner stellte sich die Frage, ob man die Aufwertungssätze (bezogen auf die in Goldmark ausgedrückte Forderung) nach Alt- und Neubesitz differenzieren sollte. Dies wurde für Industrieobligationen bejaht, in dem Altbesitzern, die die Obligation vor dem 1. 7. 1920 erworben hatten, eine zusätzliche Aufwertung zugestanden wurde, deren Höhe sich nach den Gewinnen der schuldnerischen Gesellschaft richtete. Nach demselben Stichtag wurde bei öffentlichen Anleihen verfahren und der Aufwertungssatz zugunsten der Altbesitzer erhöht.

War das Schuldverhältnis wegen bereits erfolgter Rückzahlung erloschen, ergab sich die schwierige Frage, ob dem Gläubiger rückwirkend ein Aufwertungsanspruch eingeräumt werden sollte. Für Hypothekenschulden wurde eine rückwirkende Aufwertung zugelassen, wenn der Gläubiger die Leistung nur unter Vorbehalt oder in der Zeit vom 15. 6. 1922 bis zum 14. 2. 1924 angenommen hatte.

Bei Industrieobligationen erfolgte eine rückwirkende Aufwertung lediglich, wenn der Gläubiger die Rückzahlung der Schuld nur unter Vorbehalt angenommen hatte.

c) Aufwertungssätze:

Für einige Kategorien von aufzuwertenden Forderungen wurden feste Sätze bzw. Mindest- oder Höchstsätze festgelegt, so für Hypotheken 25 %, für Industrieobligationen 15 % plus 10 % bei Altbesitz, für sonstige Vermögensanlagen ein Höchstsatz von 25 %; für Reichsanleihen erfolgte nach Anmeldung der Stücke eine Umwandlung in eine Anleiheablösungsschuld des Reiches in Höhe von 2,5 % (also für 1000 M je 25 RM), wobei Altbesitzer zusätzlich ein Auslosungsrecht erhielten, das ihnen einen 12,5 %igen Rückzahlwert von 125 RM garantierte, sobald ihre Stücke ausgelost wurden. Jährlich wurden zunächst 3⅓ % der gesamten Ablösungsschuld ausgelost. Länderanleihen waren zum weitaus größten Teil auf das Reich übergegangen und für Kommunalanleihen wurde eine Kommunalsammelablösungsanleihe ausgegeben, für die bei Auslosung ebenfalls 12,5 % als Mindestsatz galt. Der festgelegte Höchstsatz hat praktisch kaum Bedeutung erlangt.

Für Pfandbriefe und verwandte Schuldverschreibungen, Versicherungsansprüche und Sparkassenguthaben waren die Aufwertungssätze für jedes Schuldner-Unternehmen gesondert zu ermitteln, indem den Verbindlichkeiten auf der Passivseite die entsprechenden noch verfügbaren Aktiva als Deckungsmassen (in Goldmark) zugeordnet wurden, aus denen sich dann der Aufwertungssatz ergab. Dieser schwankte bei den privaten Hypothekenbanken zwischen 15 und 25 %, bei den Versicherungsgesellschaften zwischen 12 und 20 % und bei den Sparkassen, für die auch landesrechtliche Vorschriften erlassen werden mußten, zwischen 17 und 24 %.

d) Konditionen für die Erfüllung der Aufwertungsansprüche

Hierbei ging es zum einen um die Fälligkeit der Ansprüche und zum anderen um deren Verzinsung. Beides bestimmte letztlich den Tageswert des Aufwertungsanspruchs. Bei der Regelung dieser Konditionen wurden sowohl die Leistungsfähigkeit der Schuldner als auch die teilweise sozialbedingten Bedürfnisse der Gläubiger berücksichtigt. Die Rückzahlung einer Hypothek konnte z. B. nicht vor dem 01. 01. 1932 verlangt werden, und ihre Verzinsung betrug für das Jahr 1925 durchschnittlich 2 %, erhöhte sich 1926/27 auf je 3 % und 1928–31 auf je 5 %. Ähnliche Regelungen galten für Industrieobligationen. Für den Neubesitz von öffentlichen Anleihen war zunächst weder eine Verzinsung noch eine Tilgung vorgesehen. Ausgeloste Stücke für Altbesitzer einer Anleiheablösungsschuld wurden mit 4½ % je Jahr und ohne Zinseszins bis zum Auslösungszeitpunkt verzinst. Bei sozialer Bedürftigkeit konnten Anleihealtbesitzer eine kleine Vorzugsrente erhalten. Diffizile Regelungen waren für die Berücksichtigung der „Aufwertungshypotheken" in den Grundbüchern erforderlich.

4. Überblickt man die für die Aufwertung getroffenen Regelungen, so werden die Auseinandersetzungen über ihre Gestaltung im einzelnen nur zu verständlich. Ungerechtigkeiten waren nicht zu vermeiden. Die Vermögen insbesonders des Mittelstandes waren vernichtet. Diejenigen, die ihre Schulden mit entwertetem

Geld zurückzahlen konnten, waren begünstigt. Trotz der Aufwertung galt das häufig für Haus- und Grundstücksbesitzer, die man deshalb mit einer von den Ländern erhobenen besonderen Abgabe von den altbebauten Grundstücken belastete (meist als „Hauszinssteuer“, in Bayern als „Geldentwertungsausgleichsabgabe“ bezeichnet).

Literaturangaben

Karl Elster, Von der Mark zur Reichsmark, Jena 1928.

Herbert Rittmann, Deutsche Geldgeschichte seit 1914, München 1986.

Otto Pfleiderer, Die Reichsbank in der Zeit der großen Inflation, die Stabilisierung der Mark und die Aufwertung von Kapitalforderungen, in: Deutsche Bundesbank, Währung und Wirtschaft in Deutschland 1876–1975, Frankfurt/M. 1976, S. 157–201.

Zahlen zur Geldentwertung, Wirtschaft und Statistik, 5. Jg., Sonderheft 1, Berlin 1925.

Art. Aufwertung im Handwörterbuch des Bankwesens, Berlin 1933 und im Handwörterbuch der Staatswissenschaften, Ergänzungsband, 1929.

Eckhard Wandel

Zur Vorgeschichte der Währungsreform von 1948

Die amerikanische Deutschlandpolitik

Die Erforschung der amerikanischen Deutschlandpolitik nach dem Zweiten Weltkrieg hat gezeigt, daß die deutsche Währungsreform von 1948 nicht als isolierte deutsche Währungs- und Wirtschaftsreform angesehen werden kann. Vielmehr war sie Teil und erfolgreicher Höhepunkt der amerikanischen Besatzungspolitik unter General *Lucius D. Clay*.

Die Akten der amerikanischen Militärregierung in Deutschland zeigen, daß Washington für seine Nachkriegspolitik in Deutschland und Europa kein langfristig angelegtes, in sich schlüssiges Konzept hatte. Zwischen 1945 und 1948 änderten die Vereinigten Staaten laufend ihre Deutschland-Pläne und paßten sie den jeweiligen Gegebenheiten an. Der Bogen der amerikanischen Politik spannt sich vom *Morgenthau-* bis zum *Marshall-Plan,* von der engen Zusammenarbeit mit der Sowjetunion im Potsdamer Abkommen bis zur an der Schwelle zu einem neuen Krieg stehenden Konfrontation der beiden Großmächte während der Berliner Blockade.[1]

Dabei kam der amerikanischen Militärregierung in Deutschland unter General *Clay* eine sachlich nicht zu rechtfertigende Bedeutung zu. Da anfangs nicht geklärt war, wer in Washington für die Deutschlandpolitik zuständig sein sollte, weil weder das *War Department* noch das *State Department* die alleinige Verantwortung übernehmen wollte, konnte sich *Clay* im Gerangel zwischen diesen beiden Ministerien eine selbständige und starke Position aufbauen. Viele seiner zunächst relativ unwichtig erscheinenden Entscheidungen, die er häufig ohne Rücksprache mit Washington traf, zeigten später große Auswirkungen. Die Geschichte der Währungsreform ist dafür ein Beispiel.

Clays Deutschlandpolitik beweist im Gegensatz zu der Schwankungen unterliegenden Politik der Regierung in Washington zumindest in einem Punkt Kontinuität und Geradlinigkeit: Der amerikanische Militärgouverneur wollte die Verantwortung für das Nachkriegsdeutschland möglichst schnell in deutsche Hände legen. Er drängte bereits Mitte 1946 auf den raschen Wiederaufbau deutscher Verwaltungsstellen, und von ihm kam die größte Unterstützung bei der Konstituierung der Bundesrepublik und der Bildung einer Bundesregierung. Washington schwenkte erst im Frühjahr 1947 auf diese Linie ein.[2]

1 *John Gimbel,* Amerikanische Besatzungspolitik in Deutschland, Frankfurt 1968.
2 *Lucius D. Clay,* Decision in Germany, Garden City 1950.

Inzwischen war aus dem Deutschland des *Morgenthau-Planes* und des Potsdamer Abkommens, dem Deutschland, das nie wieder zu einer Bedrohung des Weltfriedens werden sollte, ein Faktor der amerikanischen Sicherheitspolitik gegenüber sowjetischen Expansionsbestrebungen geworden. Die drei westlichen Besatzungszonen sollten wirtschaftlich stabilisiert und als Bollwerk eines freien Europas aufgebaut werden. Äußeres Zeichen dieser neuen Deutschlandpolitik der Vereinigten Staaten war der *Marshall-Plan*. Die Entscheidungsgeschichte dieses Planes zeigt ebenfalls, daß dahinter kein langfristiges außenpolitisch-strategisches Konzept der Amerikaner steckte, sondern sich diese die Zukunft Europas bestimmende Entscheidung aus wirtschaftlichen Zwängen heraus entwickelte.[3] Die USA wollten mit dem *Marshall-Plan* nicht nur ihre Besatzungskosten in Europa verringern. Europa sollte auch verstärkt amerikanische Agrarprodukte abnehmen können. Ein wirtschaftlich gesundes Europa sollte schließlich ein Bollwerk gegen die Sowjetunion werden. Mit dem Beschluß, in Westdeutschland möglichst rasch wieder gesunde wirtschaftliche Verhältnisse herzustellen, wurde die Frage einer Währungsreform plötzlich dringend.

Die ersten Pläne für eine Neuordung des Geldwesens

Nach dem Potsdamer Abkommen vom August 1945 sollte das besetzte Deutschland als wirtschaftliche Einheit erhalten, gleichzeitig aber jede Konzentration wirtschaftlicher Macht gebrochen werden. Aus diesen Zielen entwickelte die amerikanische Militärregierung ihre Dezentralisierungspolitik, die auch Vorschläge für Zentralbanken in den einzelnen Ländern und Pläne zur Dezentralisierung der großen Banken enthielt. Bereits im Oktober 1946 scheiterten die Viermächteverhandlungen über eine einheitliche Reorganisation des Bankwesens in den vier Besatzungszonen. Während in der amerikanischen Zone darauf zum 1. Januar 1947 die Landeszentralbanken von Bayern, Württemberg-Baden und Hessen gegründet wurden, entwickelte sich das Bankensystem in der britischen, französischen und sowjetischen Zone nach den Vorstellungen der jeweiligen Besatzungsmacht.

Nachdem die britische Regierung sich bereit erklärt hatte, in jedem Land eine Landeszentralbank nach amerikanischem Vorbild zu errichten, kam es am 1. März 1948 zur Gründung der „Bank deutscher Länder".[4] Dabei hatte die britische Regierung erreicht, daß auf Grund der bisherigen positiven Erfahrungen das in Deutschland bestehende Universalbanksystem beibehalten wurde. Auch der Plan einer Zentralbank nach Vorbild des amerikanischen *Federal Reserve Systems* war gescheitert. Die britische Regierung hatte sich zwar mit ihrer Forderung nach einer Zentralbank durchgesetzt, aber die dezentralistischen und föderativen Vorstellungen der Vereinigten Staaten wurden berücksichtigt. Der dezentrale Unterbau der

3 *John Gimbel,* The Origins of the Marshall Plan, Stanford 1976.
4 *Eckhard Wandel,* Die Entstehung der Bank deutscher Länder und die deutsche Währungsreform 1948, Frankfurt 1980.

„Bank deutscher Länder" sicherte die Unabhängigkeit gegenüber einer Zentralregierung.

Damit war eine von vornherein wichtige Weichenstellung erreicht. In den drei westlichen Besatzungszonen konnte keine Zentralverwaltungswirtschaft entstehen. Diese benötigt zur totalen Steuerung und Kontrolle eine zentrale Staatsbank, wie sie in Berlin-Ost errichtet worden war. Bereits unmittelbar nach Kriegsende war auf diese Weise in der sowjetischen Besatzungszone ein zentralistisches Wirtschaftssystem nach sowjetischem Vorbild eingeführt worden.

Das wirtschaftliche Schicksal Deutschlands sollte schließlich ein Testfall für eine erfolgreiche Besatzungspolitik werden: Bereits Mitte 1945 diskutierten Repräsentanten der vier Alliierten in Berlin über eine Währungsreform. Die Alliierten erwarteten einen schnellen Verfall der Reichsmark und eine unkontrollierbare Inflation. Die Besatzungsmächte einigten sich zunächst lediglich auf die Verwendung von einheitlichem Besatzungsgeld, das mit amerikanischen Druckplatten hergestellt wurde.

Anfang 1946 sandte die amerikanische Regierung eine Truppe von Experten nach Deutschland, um einen detaillierten Plan für eine Währungsreform ausarbeiten zu lassen. Der nach umfangreichen Konsultationen deutscher Sachverständiger entstandene und nach seinen Verfassern benannte *Colm-Dodge-Goldsmith-Plan* datiert vom 20. Mai 1946.[5] Dieser Plan enthält bereits alle wesentlichen Bestandteile der späteren Währungsreform (1948) und wurde im Juni 1946 vom amerikanischen *State Department* für gut und durchführbar befunden. Die Viermächteverhandlungen über den CDG-Plan schienen zunächst zu einem schnellen Ergebnis zu führen. Überraschend war, daß die größten Einwände von der britischen Regierung kamen, die sich einer Währungsreform widersetzte, weil sie annahm, daß diese die Möglichkeit einer von ihr gewünschten Kontrolle der deutschen Wirtschaft vermindern würde. Gleichzeitig befürchtete sie, daß durch eine deutsche Währungsreform eine stärkere Konkurrenz der deutschen Wirtschaft entstehen würde, insbesondere der Kohlegruben an der Ruhr. Auch die französischen Militärs widersetzten sich zunächst einer Währungsreform. Die anfänglich vorhandene gemeinsame Basis zwischen der amerikanischen und der sowjetischen Militärregierung im Kontrollrat war allerdings nicht von Dauer.

Im Herbst 1946 kam das Veto der Sowjets gegen die zentrale Herstellung der neuen Banknoten in der im amerikanischen Sektor Berlins gelegenen Reichsdruckerei für die Westalliierten ziemlich überraschend. Solange es keine Übereinkunft gebe über Reparationslieferungen und die Schaffung von deutschen Zentralverwaltungen, so die offizielle sowjetische Begründung, müsse jede Besatzungsmacht das Recht haben, Banknoten entsprechend dem uniformen Design in ihrer eigenen Zone zu drucken. Deshalb bestand die Sowjetunion auf Leipzig als einen Druckort für die neue deutsche Währung. Während Briten und Franzosen schließlich bereit waren, diesem Wunsch nachzugeben, wehrten sich die Amerikaner beharrlich

5 *Hans Möller,* Zur Vorgeschichte der Deutschen Mark, Basel/Tübingen 1961, S. 214ff.

dagegen. Insbesondere wollten sie aus Sicherheitsgründen den Sowjets keinen Satz der Druckplatten aushändigen. Außerdem verfestigte sich in ihnen die Überzeugung, daß dem russischen Ansinnen weniger ein spezifisches Motiv als vielmehr Verzögerungstaktik zugrunde lag. Denn sowohl im Hinblick auf die möglichst ungehinderte Ausbeutung ihrer Zone wie auch aus ideologischen Gründen hatte die Sowjetunion kaum ein Interesse an einer erfolgreichen Währungsreform.

Der Grund für die Auseinandersetzung um den Ort des Notendrucks war folgender: Die Vereinigten Staaten wollten der Sowjetunion keine Druckplatten überlassen, weil sie befürchteten, daß mit ihnen früher oder später von den Sowjets ohne Viermächtevereinbarung neues Geld gedruckt würde. Im Gegenzug waren die Sowjets nicht damit einverstanden, daß die Druckplatten unter Aufsicht der westlichen Alliierten bleiben sollten. Sie argwöhnten, daß sie unter diesen Bedingungen trotz der Zusicherung der Vereinigten Staaten, bei der Erstausstattung der Sowjetzone mit neuem Geld sehr großzügig zu verfahren, zu wenig neues Geld erhalten würden, wie das schon einmal in Österreich der Fall war.

Die Frage der Kontrolle über die Herstellung der neuen Banknoten führte schließlich zum „offiziellen" Bruch der Viermächteverhandlungen.

Von Herbst 1946 bis April 1948 drohte der CDG-Plan immer wieder zu scheitern. Die Diskussion über eine Währungsreform vollzog sich in dieser Zeit nicht in der Öffentlichkeit. Dennoch entstanden 1946/47 mehr als 300 deutsche Vorschläge für eine Währungsreform. Auch die im Herbst 1947 in Bad Homburg von der Verwaltung der Bi-Zone gegründete „Sonderstelle Geld und Kredit" wurde mit der Bearbeitung von Währungsreformfragen beauftragt und legte den „Homburger Plan" vor. Ein Vergleich der einzelnen Pläne beweist, daß der CDG-Plan sich zwar von den deutschen Plänen unterschied, jedoch in den meisten Punkten der von deutscher Seite vertretenen Auffassung entsprach. Die ausgiebigen Diskussionen auf deutscher Seite, die Konsultation deutscher Experten und die Hinzuziehung von etwa dreißig deutschen Plänen für die Gestaltung des CDG-Plans zeigt, daß dieser Plan in vielen Einzelfragen auf deutsche Vorschläge zurückgriff.[6]

Vom Beginn des Jahres 1947 an wurde deutlich, daß die Sowjetunion die Reform hinauszögern wollte. Die sowjetischen Besatzungstruppen verfügten über 12 Mrd. Reichsmark aus den Beständen der Berliner Reichsbank, die im Falle einer Währungsreform wertlos wurden.[7] Ohne Währungsreform arbeitete die Zeit für sie: Die Finanzierung ihrer Besatzungskosten sowie die Reparationen und andere Exporte wären durch eine Währungsreform erschwert worden. Durch scharfe Preiskontrollen in ihrer Zone gelang es der Sowjetunion, große Teile der Privatwirtschaft zu verstaatlichen und weitere Sozialisierungsmaßnahmen einzuführen.

Im Sommer 1947 wurde deutlich, daß die westlichen Alliierten keine andere Wahl mehr hatten, als eine separate Währungsreform durchzuführen. Zu dieser Zeit

6 *Hans Möller,* ebd.
7 „Der Tag", Berlin 15. 4. 1948.

befürchtete die amerikanische Militärregierung, daß es bei anhaltend schlechter Wirtschaftslage zu sozialen Unruhen kommen würde und die Kommunisten größeren Zulauf erhalten könnten. Während Washington die Währungsreform in den westlichen Besatzungszonen ständig hinausschob, drängte General *Clay* auf eine schnelle Durchführung. Nachdem die Außenministerkonferenz in Moskau vor allem an der Reparationsfrage gescheitert war, fiel Ende September 1947 die geheime Entscheidung Washingtons, die Währungsreform nunmehr ohne die Sowjetunion voranzutreiben.[8]

Am 25. September 1947 beschloß die amerikanische Regierung, die neuen deutschen Banknoten in den Vereinigten Staaten zu drucken. Die Herstellung erfolgte ab Oktober 1947 bei der *American Bank Note Company* in New York und im *Bureau of Engraving and Printing* in Washington D. C. Verwendet wurde relativ einfaches Papier ohne Wasserzeichen. Als Schutz gegen Fälschungen dienten eingelassene Buntflecke (Löschpapiereffekt). Die graphische Gestaltung der Ziffern und Bordüren ähnelte den Dollarnoten. Zahnräder, Marmorsockel, Titanen und Frauengestalten waren den amerikanischen Eisenbahnaktien entliehen. Entgegen der bisherigen nominalistischen Geldtheorie stand auf den neuen Banknoten kein Einlösungsversprechen, zumal es keine Notendeckung im herkömmlichen Sinne gab. Der Aufdruck auf den neuen Geldscheinen war völlig neutral: Er enthielt weder Ausgabebehörde und Ausgabeort noch eine Unterschrift. Bei den Einmarkscheinen fehlte sogar die Numerierung. Es hieß einfach: „Banknote, Eine deutsche Mark, Serie 1948“. Im Laufe der Monate Februar bis April 1948 trafen die neuen Banknoten unter strengster Geheimhaltung in Deutschland ein. Sie waren in New York in 23000 Kisten verpackt und zur Tarnung mit dem Bestimmungsort Barcelona via Bremerhaven verladen worden. In Bremerhaven, einer amerikanischen Enklave, wurde die Fracht gelöscht und nach Frankfurt weitertransportiert. Im Keller des alten Reichsbankgebäudes in der Taunusanlage schlummerte dann wohlverwahrt das große Geheimnis bis zum Tage X. Selbst die Wächter der nicht gekennzeichneten Stahlkisten kannten deren Inhalt nicht. *Jack Bennett,* Chef der Finanzabteilung im Stabe *Clays,* berichtet, daß von mehreren hundert Beschäftigten des Reichsbankgebäudes in Frankfurt nur sechs das „Keller-Geheimnis“ kannten.[9]

Erst zwei Tage vor ihrer Ausgabe wurden die Banknoten mit 800 Lastwagen und mehreren Spezialzügen an die Lebensmittelkarten-Ausgabestellen in den drei westlichen Zonen verteilt. Die gesamte Operation, die unter dem Decknamen „Bird Dog“ lief, war nach Auffassung *Clays* die größte logistische Leistung der amerikanischen Armee seit der Landung in der Normandie.[10]

Obwohl die neuen Banknoten bereits fertiggestellt waren, beschäftigte sich die seit 1945 bestehende Kommission für einen Neudruck von deutschen Banknoten,

---

8 Nachlaß *Edward Tenenbaum,* Truman Library, Independence, Missouri.

9 *Jack Bennett,* The German Currency Reform, in: Annals of the American Academy of Political and Social Science, Philadelphia 1953, S. 13.

10 *Lucius D. Clay,* S. 215.

der auch sowjetische Delegierte angehörten, noch im März 1948 mit diesem Thema. Es scheint, daß die amerikanische Militärregierung sich bis zur letzten Minute um eine vierzonale Lösung bemühte. Auch die Sowjetunion suchte bis zuletzt eine Einigung mit den Vereinigten Staaten in der Währungsfrage.

Die Rolle der USA und der Beitrag deutscher Experten

Washington gab jedoch Ende März 1948 endgültig die Anweisung, die Währungsreform ohne die sowjetische Besatzungszone durchzuführen. Die amerikanische Regierung benötigte eine erfolgreiche Währungsreform für die Durchführung des *Marshall-Plans*. Gleichzeitig wollte sie mit ihr die steigende finanzielle Unterstützung Deutschlands bremsen und die Besatzungskosten senken.

Die Währungsreform vom 20. Juni 1948 war also ein Diktat der amerikanischen Regierung. Die Hinzuziehung deutscher Sachverständiger in einem „Konklave" sollte das demokratische Gewissen der Vereinigten Staaten beruhigen und deutschen Sachverständigen Mitverantwortung übertragen. Letztlich verblieb die Verantwortung für die Währungsreform aber bei der amerikanischen Militärregierung.[11] Die Bank deutscher Länder war an der Währungsreform und an der Ausgabe der neuen Banknoten nicht beteiligt.

In den letzten März-Tagen 1948 hatte das *State Department* plötzlich gefordert, nur eine „kleine" Währungsreform unter Ausklammerung des Lastenausgleiches durchzuführen. Gerade dieser Zeitdruck zeigt, daß hinter der Währungsreform kein langfristiges wirtschaftliches oder politisches Konzept der Vereinigten Staaten stand. Die Verantwortung für eine so einschneidende Maßnahme wie eine Währungsreform in die Hände der Militärs zu legen, beweist das damalige Unverständnis Washingtons für wirtschaftliche Zusammenhänge und die Unterschätzung der politischen Bedeutung der Währungsreform für Deutschland. Aus den Protokollen des „Konklave von Rothwesten" kann man entnehmen, daß die amerikanische Militärregierung eine ausschlaggebende Rolle spielte und daß sich sowohl die britische als auch die französische Militärregierung der amerikanischen Führung unterwarf.

Bereits 1953 erinnerte *Otto Pfleiderer*, Teilnehmer des Konklaves und späterer Präsident der Landeszentralbank Stuttgart, in den Stuttgarter Nachrichten noch einmal daran, wessen Verdienst die Währungsreform war. *Pfleiderer* schrieb, die Verantwortung für die deutsche Währungsreform habe ausschließlich bei den Besatzungsmächten und zwar vor allem bei der amerikanischen Militärregierung gelegen. Will man die amerikanische Leistung noch exakter zuordnen, dann muß der junge amerikanische Leutnant *Edward A. Tenenbaum* genannt werden.[12] Ihn kann man eigentlich als den „Vater der D-Mark" bezeichnen, obwohl er für seine Verdienste nie einen deutschen Orden bekommen hat.

11 *Eckhard Wandel,* S. 106–118; vgl. auch Beitrag *Möller,* S. 56ff. und 63ff.
12 Nachlaß *Edward A. Tenenbaum.*

Tenenbaum, in New York geborener Sohn jüdischer Emigranten aus Polen, graduierte 1942 in Yale mit der Arbeit „Nationalsozialismus gegen internationalen Kapitalismus". Während der letzten Kriegsjahre diente er als Leutnant der amerikanischen *Air Force* in England, Frankreich, Belgien und Deutschland. Mitte 1945 wurde er zur *Finance Division* der amerikanischen Militärregierung in Deutschland versetzt und avancierte, knapp 25jährig, zum Assistenten des Finanzberaters in General *Clays* Stab. Dort wurde die Planung und Durchführung der deutschen Währungsreform seine Hauptaufgabe. Er setzte die amerikanischen Pläne gegen den erbitterten Widerstand von deutscher und alliierter Seite, manchmal selbst gegen den Willen Washingtons durch. Daß die Amerikaner ausgerechnet *Tenenbaum* diese schwierige Aufgabe übertrugen, muß Zufall gewesen sein, denn der junge Mann verfügte zu Beginn seiner Tätigkeit über keinerlei praktische Erfahrung auf dem Gebiet des Geld- und Währungswesens. Er hatte sich während seines Studiums lediglich mit deutscher Wirtschaftsgeschichte befaßt und beherrschte sechs Sprachen. Dennoch galt er bald auch bei deutschen Währungsexperten als Autorität. Nach 1948 arbeitete *Tenenbaum* an der Planung der europäischen Zahlungsunion mit und war 1952 als Berater der amerikanischen Regierung in Griechenland tätig. Wie die meisten Mitarbeiter von General *Clay* erhielt er nach seiner Rückkehr in die Vereinigten Staaten 1954 keine neue Aufgabe von der Regierung. Er gründete dann eine kleine Beratungsfirma in Washington D. C. Seit 1952 hat er Deutschland nie wieder besucht. *Tenenbaum* starb 1975 im Alter von 54 Jahren bei einem Autounfall. Leider ist *Tenenbaums* Manuskript über die Geschichte der Währungsreform Fragment geblieben.

Bei den Auseinandersetzungen im Konklave zwischen den deutschen Sachverständigen und *Tenenbaum* spielten vor allem die Höhe der Erstausstattungsbeträge für die deutsche Bevölkerung sowie die Umstellung der Geldforderungen eine Rolle. Die Analyse der Arbeit im Konklave ergab, daß eine ganze Reihe deutscher Vorschläge kurzfristig berücksichtigt wurde. Für das Gelingen der Währungsreform waren Detailfragen, über die im Konklave keine Einigung erzielt werden konnte, jedoch nicht ausschlaggebend.

Die Leistung des Konklave war die reibungslose Organisation der Währungsreform. In Merkblättern wurden Anweisungen und Richtlinien genau festgelegt. Obwohl nämlich die große Linie der Währungsbeschlüsse letztlich von der amerikanischen Militärregierung nach Absprache mit den anderen beiden westlichen Alliierten diktiert war, hätte die Währungsreform aus technischen Gründen scheitern müssen, wenn nicht deutsche Sachverständige im Konklave durch ihr Detailwissen die organisatorischen Voraussetzungen geschaffen hätten. Insofern scheint der Anteil Deutscher an der Währungsreform nicht so gering zu sein, wie dies bisher vermutet wurde[13] – vor allem, wenn man berücksichtigt, daß auch der CDG-Plan nach umfangreichen Konsultationen deutscher Fachleute entstanden

13 Vgl. dazu auch Beitrag *Möller,* S. 56ff. und 63ff.

ist, und daß sich dieser Plan wenig von den meisten deutschen Währungsplänen abhebt.

Bei den Fragen des Zeitpunkts der Währungsreform, der Ausklammerung Berlins und der Abtrennung des Lastenausgleichs handelte es sich um rein politische Entscheidungen, die von Washington durchgesetzt wurden. Ohne dieses Diktat und die organisatorische Leistung der amerikanischen Militärregierung wäre eine Währungsreform weder rechtlich noch technisch möglich gewesen.

In Deutschland kursierten schon seit Kriegsende Gerüchte über eine bevorstehende Währungsreform. Der „Schwarze Markt" und die „Zigarettenwährung" erreichten im Frühjahr 1948 ihre größte Bedeutung. Anfang April 1948 machte die Presse Andeutungen über das Konklave von Rothwesten. Eine aus den Statistiken ablesbare Warenhortung und Lähmung der deutschen Wirtschaft setzte ein. Nachdem die Sowjetunion am 20. März 1948 ihre Mitarbeit im Alliierten Kontrollrat eingestellt hatte und inzwischen zwei getrennte Zentralbanken vorhanden waren, wurde der westdeutschen Bevölkerung klar, daß die Währungsreform, der Tag X, unmittelbar bevorstehen mußte. Die Reichsmark hatte ihre Funkion als Wertmesser endgültig verloren. So wurde am 18. Juni – zwei Tage vor der Währungsreform – in Hamburg für eine amerikanische Zigarette RM 30,– bezahlt. Anfang April 1948 kursierten die ersten Gerüchte über das Konklave in Rothwesten. Der „Spiegel" und „Die Zeit" meldeten Ende April, die Währungsreform werde an einem Sonntag im Juni stattfinden. Das allgemeine Hortungsfieber stieg immer höher und erfaßte sogar die Münzen, als kolportiert wurde, die bisherigen Münzen würden auch nach der bevorstehenden Währungsreform im Verkehr bleiben. Die SPD rief zu einer Enthortungskampagne auf und mußte sich von *Ludwig Erhard* im Wirtschaftsrat erklären lassen, daß Industrie und Handel am Tage X Vorräte haben müßten, um für gutes Geld wenigstens halbwegs ausreichend Ware anbieten zu können.

Zigarettenwährung und DM-Wechselkurs

Die Zigarettenwährung war lange Zeit Wertmesser der inländischen Kaufkraft und Indikator des Wechselkurses der Reichsmark.[14] Im Gegensatz zur großen Inflation von 1923 konnte die Entwertung der Reichsmark nicht an der Kursrelation zum Dollar gemessen werden, weil keine Devisenkurse vorhanden waren. Jeder Import und Export wurde von alliierten Clearingsstellen zu Inland-Stopp-Preisen in Reichsmark abgerechnet. Während Berechnungen amerikanischer Militärstellen 1944 noch eine Dollarparität von 5 RM ansetzten, rechneten die alliierten Behörden ab Mai 1945 mit einem Kurs von 10 RM pro Dollar. Dieser Wechselkurs wurde auch von der *Joint-Export-Import-Agency* (JEIA) in einem abgestuften System angewandt. Bis zur Währungsreform wurden die durch den Preisstopp festgeschriebe-

14 *Günter Schmölders,* Die Zigarettenwährung, in: Sozialökonomische Verhaltensforschung, Festschrift G. Schmölders, Berlin o. J.

nen deutschen Exportpreise nicht an die Weltmarktpreise angepaßt. Für Grundstoffe, wie z. B. Kohle und Stahl sowie landwirtschaftliche Produkte lagen diese wesentlich unter den Weltmarktpreisen. Dagegen wurden Nahrungsmittel im Rahmen der Auslandshilfe in der Regel zu amerikanischen Preisen importiert, die häufig über den Weltmarktpreisen lagen. Durch diese Preisfestsetzung und die zum Teil willkürlich fixierten Wechselkurse der Reichsmark im Abrechnungsverkehr der JEIA sind verdeckte deutsche Reparationen bezahlt worden. Das Volumen des Außenhandels war jedoch in den Jahren 1945–1948 so klein, daß in Anbetracht der gleichzeitig einsetzenden amerikanischen Hilfsprogramme die „verdeckten Reparationen" der westlichen Besatzungszonen nicht ins Gewicht fielen.

Im Laufe des Jahres 1948 verwendete die JEIA in zunehmendem Maß den Umrechnungskursvon 0,30 Dollar für 1 RM, der auch nach der Währungsreform für die gemeinsame Außenhandelsklasse galt. Dieser Wechselkurs entsprach etwa der Kaufkraft. Die Entscheidung, den Wechselkurs der neuen Währung in diesem Verhältnis festzusetzen, fiel in der Finanzabteilung unter General *Clay* auf Grund von Berechnungen *Tenenbaums.* Die Regierung von Washington erkannte damals nicht, welche wichtige Bedeutung die Festlegung der Dollarparität für die Entwicklung der westdeutschen Wirtschaft haben sollte. Sie überließ die Entscheidung untergeordneten Militärstellen. Die sowjetische Kritik, wonach die Währungsrelationen von Washington bewußt falsch angesetzt wurden, um billige deutsche Waren und indirekte Reparationen zu erhalten, läßt sich daher nicht aufrechterhalten.

Die Währungsreform und die deutsche Spaltung

Die Auffassung, daß die Währungsreform in den drei westlichen Besatzungszonen die Spaltung Deutschlands verursacht habe, bleibt in ihrer Einseitigkeit unhaltbar. Vielmehr hatten die politischen Entwicklungen, insbesondere der ausgebrochene Ost-West-Konflikt und der *Marshall-Plan,* eine westdeutsche Währungsreform notwendig gemacht. Die Währungsreform in den westlichen Besatzungszonen konnte die wirtschaftliche Einheit Deutschlands gar nicht mehr zerstören, weil diese zum Zeitpunkt der Währungsreform längst nicht mehr bestand.

Eine für ganz Deutschland geltende einheitliche Währungsreform war auf Grund der politischen Veränderungen, insbesondere des deutlich werdenden Ost-West-Gegensatzes, ab Herbst 1947 nicht mehr möglich. Durchaus möglich gewesen wäre aber eine Zusammenarbeit mit der Sowjetunion bei der Durchführung getrennter Währungsreformen. Es hätte nur der zeitlichen Abstimmung beider Währungsreformtermine bedurft, um den unerwünschten Effekt einer Überschwemmung des bei der Reform nachziehenden Gebietes mit wertlosen alten Noten zu verhindern. Ein gemeinsamer Termin für getrennte Währungsreformen hätte aber zwangsläufig Berlin berücksichtigen müssen, und gerade die Berlin-Frage machte eine Einigung unmöglich. Für Berlin boten sich theoretisch vier Möglichkeiten an:

1. Die Eingliederung von ganz Berlin in das westliche Währungsgebiet.

2. Die Eingliederung Gesamtberlins in das östliche Währungsgebiet.
3. Die Ausgliederung Berlins als eigenes selbständiges Währungsgebiet und
4. die Spaltung Berlins in zwei Teile und die Eingliederung eines jeden Teils in das zuständige Währungsgebiet.

Doch die später verwirklichte Spaltung Berlins war 1947, als die alte Reichshauptstadt noch eine Einheit bildete, politisch nicht vorstellbar.

Die Sowjetunion konnte zu dieser Zeit nicht erwarten, daß die westlichen Alliierten in freien Vereinbarungen Westberlin aufgeben würden. Der Kreml konnte lediglich hoffen, daß bei getrennten Währungsreformen Berlin angesichts der Schwierigkeiten einer Spaltung am Ende der sowjetisch besetzten Zone zufallen würde. Als die Sowjetunion jedoch Ende März/Anfang April 1948 nach ihrem Auszug aus dem Alliierten Kontrollrat über Berlin die „Mini-Blockade", d. h. scharfe Kontrollen der Zufahrtswege, verhängte, war dem Westen klar, daß jede Verhandlung über eine gemeinsame oder getrennte Währungsreform unter Einschluß Berlins aussichtslos sein mußte. Daran änderte auch das spätere Angebot *Stalins* zu bilateralen Gesprächen zwischen den Vereinigten Staaten und der Sowjetunion nichts. Washington argwöhnte, daß dieses Angebot nur ein Versuch der sowjetischen Seite war, die Formierung der westlichen Einheit zu verzögern und ignorierte daher *Stalins* Vorschlag.

Clay hatte zuvor schon erkannt, daß eine separate Währungsreform und die Entstehung eines westdeutschen Staates eine Ost-West-Krise heraufbeschwören mußte. Doch glaubte er, daß die Sowjetunion wegen Berlin keinen Krieg riskieren würde: „If the Soviets go to war, it will not be because of Berlin currency issue but only because they believe this the right time".[15] Die deutsche Währungsreform sollte die drei westlichen Besatzungszonen so weit stabilisieren, daß sie in die Hilfsaktionen des *Marshall-Planes* integriert werden konnten. Die Währungsreform sollte aber auch nach dem Willen der westlichen Alliierten den Aufbau einer neuen politischen Organisation in Deutschland nach sich ziehen. Insoweit war die separate Währungsreform in Westdeutschland ein entscheidender Schritt zur deutschen Teilung noch vor der Gründung einer westdeutschen Regierung.

Allerdings hatte schon die Aufteilung Deutschlands in Besatzungszonen in den ersten beiden Nachkriegsjahren einen Teil der Einheit, nämlich die Einheit des Wirtschaftssystems zerstört. Durch die Schließung der Großbanken und die Errichtung von kommunalen Banken, durch die Bodenreform vom September 1945 sowie die Überführung der Großindustrie in Sowjet-Aktiengesellschaften bzw. Länder- oder Kommunaleigentum wurde die herkömmliche Wirtschaftsordnung in der sowjetischen Besatzungszone völlig verändert.

Damit war nicht nur die Einheit des Wirtschaftssystems, sondern auch die Einheit der Währungsordnung zerstört. Die Existenz desselben Geldes und desselben

---

15 The Papers of Lucius D. Clay, Bloomington/London 1974, S. 702.

Zahlungsmittelsystems hatte nicht ausgereicht, eine einheitliche Währungsordnung zu bewahren.

Ist in zwei Gebieten der staatliche Lenkungsapparat und seine Funktionsweise unterschiedlich, oder wird gar dem Geldwesen eine unterschiedliche Funktion zugewiesen, so kann von einer einheitlichen Währungsordnung in diesem Gebiet nicht mehr die Rede sein, auch wenn die Recheneinheit und die Zahlungsmittel identisch sind.

Die Währungsreform in den westlichen Besatzungszonen hat also weder die wirtschaftliche Einheit Deutschlands noch die Einheit der Währungsordnung zerstört, weil beide Systeme im Frühsommer 1948 längst zerstört waren. Dagegen stellte die Währungsreform die Einheit der Währungsordnung in den drei westlichen Besatzungszonen wieder her. Außerdem hätte sich bei entsprechendem politischen Konsens auch nach den separaten Währungsreformen noch eine vierzonale Einheit der Währungsordnung über eine Währungsunion und deren Weiterentwicklung erreichen lassen.

Dennoch scheint es, daß die separate Währungsreform die Chancen für eine gesamtdeutsche Lösung verschlechtert hat, denn das Interesse der westlichen Besatzungsmächte an einer solchen gesamtdeutschen Lösung war nach der Reform praktisch gleich Null.

Der Sowjetunion war dagegen an einer gesamtdeutschen Währungsreform sehr gelegen, weil sie sich davon die Ausdehnung ihrer Einflußmöglichkeit auf die westdeutsche Wirtschaft versprach. Einen binnenwirtschaftlichen Zwang für eine Währungsreform gab es für sie nicht, da ohnehin eine Planwirtschaft beabsichtigt war.

Wohl aber standen die Westmächte unter einem solchen Zwang. Ohne eine Währungsreform konnte sich die Wirtschaft in ihren Besatzungszonen nicht erholen. Die Beibehaltung der Reichsmarkwährung hätte auch in Zukunft eine straffe Devisenbewirtschaftung mit Preiskontrollen notwendig gemacht, d. h. die Entwicklung einer freien Wirtschaft und die Möglichkeit verhindert, diese in die amerikanische Einflußsphäre zu integrieren. Eine gesamtdeutsche Währungsreform wiederum mit einem Notendruck auch in der sowjetisch besetzten Zone hätte es dem Kreml ermöglicht, nach Belieben die Stabilität der neuen gesamtdeutschen Währung zu gefährden. Eine eigenständige, prosperierende Entwicklung der Wirtschaft bei stabilen Währungsverhältnissen war also letztlich nur durch eine separate Währungsreform in Westdeutschland möglich. Ganz abgesehen davon, daß diese Währungsreform nach westlichem Muster nicht mit der inzwischen bestehenden Zentralverwaltungswirtschaft in der sowjetisch besetzten Zone vereinbar war. Bedenkt man noch, daß zum Zeitpunkt der amerikanischen Entscheidung für eine separate Währungsreform die Bildung einer westdeutschen Regierung nicht mehr aufzuhalten war, daß diese aber im Falle einer vierzonalen Währungsreform nicht die alleinige Kontrolle über die Versorgung ihres Gebietes mit neuem Geld gehabt hätte, dann wird klar, daß eine Währungsreform in den drei westlichen Besatzungszonen der einzig gangbare Weg war. Nicht die Währungsreform in den westlichen Besatzungszonen hat die Spaltung Deutschlands verursacht, sondern die politische Großwetterlage, vor allem der Ost-West-Gegensatz und der *Marshall-Plan*. Diese beiden Tatbestände erforderten zwingend eine separate westdeutsche Währungsreform.

Dennoch muß festgestellt werden, daß dieses Vorgehen zur Spaltung Berlins beigetragen hat. Es setzte nämlich die Sowjetunion unter Zugzwang. Der Kreml hatte nur noch die Wahl, entweder mit den Westmächten über eine gemeinsame Lösung für Gesamtberlin zu verhandeln oder im Handstreich zu versuchen, ganz Berlin in sein Währungsreformgebiet mit einzubeziehen. Als letzteres scheiterte, griff die Sowjetunion zum Mittel der Blockade, und die Teilung Berlins war besiegelt.

Sofort nach der Verkündung der Währungsreform in den Zonen der drei Westalliierten begann ein Währungsreform-Duell in Berlin: Marschall *Sokolowsky* drohte am 19. Juni 1948 in einem Aufruf an die deutsche Bevölkerung schwerste Strafen für einen Reichsmark- oder D-Mark-Transfer von West- nach Ostberlin an. In einem Schreiben an General *Clay* stellte er außerdem drei Tage später, am 22. Juni 1948, eine Währungsreform für die sowjetische Zone unter Einschluß Gesamtberlins in Aussicht. Die entsprechenden Verordnungen wurden am 23. Juni bekanntgegeben. Am selben Tag erklärten die Kommandanten der drei westlichen Sektoren Berlins die sowjetischen Befehle in ihrem Gebiet für null und nichtig, schlossen alle Banken und führten die D-Mark ein. Am 24. Juni 1948 stoppte daraufhin die Sowjetunion den gesamten Verkehr zwischen dem Westen und Berlin: Die große Blockade Berlins begann.

Die Währungsreform hat daher eindeutig zur Spaltung Berlins beigetragen. Die sowjetische Blockade Westberlins und die amerikanische Luftbrücke haben dann die westliche Allianz noch mehr gefestigt.

Die Einführung der neuen deutschen Währung auch in den Berliner Westsektoren war offensichtlich unter dem Druck der Verhältnisse improvisiert, denn noch im Konklave von Rothwesten hatten die Alliierten gegen den Rat der deutschen Sachverständigen auf einer Ausklammerung Berlins bei der Währungsreform bestanden. Die in Westberlin ausgegebenen DM-Scheine wurden denn auch mit einem B-Stempel deutlich von den Zahlungsmitteln des Westens unterschieden. In den westlichen Besatzungszonen hatte diese B (Bären)-DM einen Zwangskurs und mußte anstelle der ungestempelten Noten im Verhältnis 1:1 angenommen werden.

In Westberlin galten außerdem bis März 1949 sowohl die D-Mark als auch die DM-Ost. In der Praxis wurde die „Ostmark“ jedoch kaum akzeptiert. Erst als das Ende der Blockade in Sicht war, hoben die westlichen Besatzungsmächte die Sonderstellung der Ostmark auf und machten die DM am 20. März 1949 zum alleinigen gesetzlichen Zahlungsmittel in ihren Sektoren. Später fiel dann auch der B-Stempel weg: Westberlin war endgültig ein Teil des Währungsgebietes der DM-West geworden. Die Sowjetunion akzeptierte diesen Schritt, weigerte sich jedoch weiterhin, Westberlin als einen Teil der Bundesrepublik anzuerkennen.

Die Auswirkungen der Währungsreform von 1948

Bereits wenige Tage nach der Währungsreform trat der erwartete „Schaufensteref-fekt" ein: Die gehorteten Waren vergrößerten schlagartig das Warenangebot, und ein vorher nicht für möglich gehaltener Wirtschaftsaufschwung setzte ein. Zwar befand sich die westdeutsche Wirtschaft am Tag der Währungsreform bereits in einer Aufschwungphase. Dennoch ist es falsch, die Notwendigkeit einer Währungsreform in den drei westlichen Besatzungszonen zu bezweifeln. Der aus politischen Gründen bis Juni 1948 verzögerte Zeitpunkt der Währungsreform war eine wesentliche Voraussetzung für ihr Gelingen: Auf Grund des vorausgegangenen Wirtschaftsaufschwungs stand am Stichtag der Reform ein genügend großes Warenangebot zur Verfügung, das eine neue Inflationierung verhinderte und die Möglichkeit zur Preisfreigabe und zur Einführung einer marktwirtschaftlichen Wirtschaftsordnung bot. Das unmittelbar nach der Währungsreform von *Ludwig Erhard* gegebene Startzeichen für die Marktwirtschaft hatte starke psychologische Wirkungen.[16] Die Wachstumsraten des dritten und vierten Quartals 1948 machen deutlich, daß die Währungsreform eine wichtige Voraussetzung für einen raschen Wirtschaftsaufschwung war: sie wirkte als Initialzündung.[17]

Auch wenn sich die psychologischen Auswirkungen der Währungsreform einer Quantifizierung entziehen, so kann doch davon ausgegangen werden, daß sie eben zum schnellen Wiederaufbau der westdeutschen Wirtschaft beitrugen. Ohne eine Währungsreform hätte die inflationistische Wirkung der Reichsmarkwährung einen langfristigen Anstieg der deutschen Produktion verhindert. Für das Gelingen der Währungsreform waren letztlich die Maßnahmen *Ludwig Erhards* entscheidend: Die eigentliche Reform und das große Risiko des Jahres 1948 war die Aufhebung der gestoppten Preise und der Bewirtschaftung.

Die Politik *Erhards* wäre wiederum ohne die Währungsreform nicht möglich gewesen. Die alte Reichsmarkwährung hätte weiterhin eine strenge Preis- und Devisenbewirtschaftung erfordert. Der Wirtschaftsaufschwung in den westlichen Besatzungszonen hätte zudem nicht unabhängig von der Entwicklung in der sowjetischen Besatzungszone erfolgen können. Insofern scheint die in der Literatur vertretene Auffassung, wonach die Währungsreform nicht am Beginn der „westdeutschen Rekonstruktionsphase" stand, sondern der begonnene Aufschwung die Währungsreform ermöglicht habe, einer Korrektur zu bedürfen. Die Währungsreform von 1948 und der Übergang zur „Sozialen Marktwirtschaft" stellen zusammen einen wesentlichen Impuls für den Wirtschaftsaufschwung der Bundesrepublik dar.

Die Aufhebung des Preisstopps und der Bewirtschaftung war das große Risiko und somit die eigentliche Reform des Jahres 1948. Durch sie wurde die zurückgestaute Inflation auf Dauer beseitigt.

16 *Ludwig Erhard,* Deutsche Wirtschaftspolitik, Düsseldorf/Frankfurt 1962, S. 37ff. und 60ff.
17 Vgl. dazu auch Beitrag *Buchheim.*

450 einzelne Gesetze und Verordnungen regelten bis dahin das herrschende Bewirtschaftungssystem. Am 25. Juni 1948 erließ der Verwaltungsrat des Vereinigten Wirtschaftsgebietes eine „Anordnung über Preisbildung und Preisüberwachung nach der Währungsreform", die die Mehrzahl der Preise im Bereich der gewerblichen Wirtschaft freigab, und wenige Tage später, am 30. Juni 1948, wurde eine Vielzahl von Bewirtschaftungsordnungen außer Kraft gesetzt.[18]

Die mit der Währungsreform einsetzende Politik der freien Marktwirtschaft *Ludwig Erhards* zeigt, daß die Währungsreform vom Juni 1948 nicht eine isolierte, monetäre Maßnahme, sondern Teil einer umfassenden Wirtschaftsneuordnung war. Dabei war die „Währungsreform der Alliierten" die Grundvoraussetzung für ein liberales marktwirtschaftliches System in der Bundesrepublik Deutschland.

18 GVBl. 1948 Nr. 61; vgl. auch Beitrag *Schiller*, S. 79.

Hans Möller

Die Währungsreform von 1948 und die Wiederherstellung marktwirtschaftlicher Verhältnisse

Die Formulierung des Themas ist bereits als eine wichtige Aussage gemeint, weil das Reformwerk von 1948 zwei selbständige wirtschaftspolitische Maßnahmen umfaßt. Da sie miteinander zusammenhängen und nahezu gleichzeitig verwirklicht wurden, werden sie häufig in einen Topf geworfen und mit dem Etikett „Währungsreform" versehen, was dann zu Irrtümern bzw. Fehlschlüssen bei der Beurteilung der damaligen Vorgänge führt. Der Zusammenhang beider Maßnahmen liegt auf der Hand, wenn man sich die Ausgangslage der deutschen Wirtschaft vor der Währungsreform vor Augen hält.

Es existierte ein sehr großer Geldüberhang als Folge der geräuschlosen Kriegsfinanzierung, die in erster Linie über das Bankensystem abgewickelt worden war, so daß dieses Reichstitel etwa in Höhe der aufgelaufenen kriegsbedingten Reichsschuld als Aktiva zu übernehmen hatte, deren Gegenposten praktisch in Bargeldbeständen und Kundeneinlagen aller Art bestanden.[1] Gleichzeitig wurde durch einen Preis- und Lohnstopp sowie eine strenge Rationierung des Konsums (nach der Kapitulation auf einem kaum das Existenzminimum sichernden Niveau) und eine staatliche Regulierung der Produktion durch Bewirtschaftung von Produktionsmitteln mit Hilfe von Lieferverpflichtungen und Bezugsscheinen dafür gesorgt, daß sich der riesige Geldüberhang nicht in höheren Preisen auf den Märkten auswirken konnte. Dieses System einer staatlichen reglementierten Wirtschaft war vom Naziregime bereits vor dem Krieg schrittweise eingeführt, während des Krieges mehr und mehr ausgebaut und dann nach der Kapitulation von den Siegermächten *faute de mieux* übernommen worden. Dieser Zustand der Wirtschaft wird in der Literatur als „zurückgestaute" oder „versteckte" Inflation bezeichnet – im Gegensatz zur „offenen" Inflation, bei der sich die Geldentwertung im Anstieg des Preisniveaus niederschlägt.

Wird nun eine Aufhebung der staatlichen Reglementierung des Wirtschaftslebens – man würde heute von Deregulierung sprechen – angestrebt und, was damals herrschende Meinung war, eine Überführung der zurückgestauten in eine offene Preisinflation verworfen, so ist die Beseitigung des Geldüberhangs durch eine Währungsreform zwar eine notwendige Voraussetzung für die Deregulierung,

1 Vgl. den Exkurs zu diesem Beitrag über „Geldüberhang, gesetzliche Geldschöpfung und Umstellungsrechnung des Bankensystems", Ziff. 1 und 3d.

jedoch bringt sie diese nicht quasi-automatisch mit sich, sondern erfordert einen gesonderten wirtschaftlichen Reformakt.

Obwohl es damals nach einer sich über zwei Jahre hinziehenden intensiven Währungsreformdiskussion[2] kaum jemand gab, der die Notwendigkeit einer Währungsreform ernsthaft bestritten hätte, existierten sehr wohl Gruppen, die eine Wiederherstellung marktwirtschaftlicher Verhältnisse grundsätzlich ablehnten (wie z. B. eine Fraktion der SPD) und andere, die eine Deregulierung zwar wünschten, jedoch ein langsames und vorsichtiges Vorgehen empfahlen, einen „Sprung ins kalte Wasser" scheuten. Daß die Deregulierung fast gleichzeitig mit der Währungsreform wirksam eingeleitet wurde, war in erster Linie *Ludwig Erhard* , dem damaligen Leiter der bizonalen Verwaltung für Wirtschaft, zu verdanken, der sie gegen viele Widerstände in allen Lagern – selbst innerhalb der Militärregierungen – durchgesetzt hat. Dabei spielte erstmalig auch die Beratung durch wirtschaftswissenschaftliche Hochschullehrer eine Rolle, hatte doch der bereits unter *Erhards* Amtsvorgänger gebildete und heute noch bestehende „Wissenschaftliche Beirat bei der Verwaltung für Wirtschaft" in seinem ersten Gutachten schon am 1. 4. 1948 mit starker Mehrheit eine schnelle Deregulierung empfohlen. *Erhard* war davon ohnehin überzeugt, aber das Gutachten half ihm, die Mitstreiter innerhalb und außerhalb seines Hauses zu finden, ohne die die Wirtschaftsreform nicht hätte verwirklicht werden können.

Der deutsche Beitrag zur Währungsreform

Für die Währungsreform selbst übernahmen dagegen die drei westlichen Militärregierungen die Verantwortung. Sie erließen je für sich gleichlautende Militärregierungsgesetze „zur Neuordnung des Geldwesens" mit der Besonderheit, daß der deutsche Text maßgebend war. Bei den damaligen politischen Verhältnissen wäre eine andere Lösung nur schwer vorstellbar gewesen. Trotzdem können die Deutschen mit Recht beanspruchen, daß die Währungsreform auch ihr Werk war. Ohne die enge und vorbehaltlose Zusammenarbeit zwischen Alliierten und Deutschen auf allen Ebenen hätte die Reform nicht den Erfolg haben können, den sie dann tatsächlich erzielte. De facto wurde die Generalstabsarbeit für die Durchführung der Währungsreform von der kleinen Gruppe deutscher Experten geleistet, die von den Alliierten aus Gründen der Geheimhaltung und im Hinblick auf den zu erwartenden Arbeitsumfang, für gut sechs Wochen – vom 20. 4. bis 8. 6. 1948 – kaserniert und von der Außenwelt völlig abgeschlossen wurde. Die zehn Mitglieder für das „Konklave", wie die Veranstaltung bald genannt wurde, waren von den auf deutscher Seite zuständigen Instanzen der Bizone und der französischen Zone ausgewählt worden. Die acht Bizonen-Vertreter waren alle Mitarbeiter der

2 Die wichtigsten Währungsreformpläne aus der Zeit vor der Währungsreform, darunter der amerikanische *Colm-Dodge-Goldsmith-Plan* aus dem Jahr 1946 und der im Auftrage der Zweizonenverwaltung erstellte „Homburger Plan" sind abgedruckt bei *Hans Möller* (Hrsg.), Zur Vorgeschichte der DM, Tübingen 1961.

„Sonderstelle Geld und Kredit", die von der deutschen Zweizonenverwaltung wegen der Dringlichkeit der Währungsfragen bereits im Herbst 1947 in Bad Homburg eingerichtet und mit der Ausarbeitung eines Währungsreformplans beauftragt worden war. Diese Sonderstelle, die ohne formelle Kontakte mit den Militärregierungen arbeitete, hatte kurz vor Beginn des Konklave einen vollständigen Währungsreformplan – gleich in Gesetzesform – abgeschlossen.[3] Es liegt auf der Hand, daß die deutschen Bizonen-Vertreter die in diesem Zusammenhang gesammelten Erfahrungen in die Arbeit des Konklave einbrachten. Daß der deutsche Beitrag zu der technischen Konzeption und Durchführung der Währungsreform später in der Öffentlichkeit und auch im Schrifttum nicht besonders herausgestellt und deshalb unterschätzt wurde, hat mehrere Gründe, auf die ich hier nicht näher eingehen kann.

Einer dieser Gründe muß allerdings erläutert werden, weil er mit der politischen Dimension der Währungsreform zusammenhängt. Die von den drei Westmächten durchgeführte Reform bedeutete nämlich die Aufhebung der davor in allen vier Besatzungszonen in Kraft befindlichen RM-Währung und die Einführung einer neuen Währung für die drei Westzonen – also die Aufspaltung des zumindest formal noch bestehenden einheitlichen deutschen Währungsgebietes. Die Außerkraftsetzung des RM-Geldes im Westen mußte die sowjetische Militärregierung zwingen, auch ihrerseits die RM-Währung in ihrer Zone durch eine neue eigene Währung zu ersetzen, weil sonst das im Westen wertlos gewordene RM-Bargeld in die Ostzone geströmt wäre und dort Störungen verursacht hätte.[4]

Man kann nun gute Gründe dafür anführen, daß die Währungseinheit zum Zeitpunkt der Währungsreform gar nicht mehr bestand, weil die Sowjets in ihrer Zone das Geld- und Bankwesen, schon mit der Kapitulation beginnend, in die von ihnen auf- und ausgebaute Planwirtschaft nach sowjetischem Muster einbezogen hatten. Auch kann man darüber streiten, ob die Existenz zweier deutscher Währungen in West und Ost die Herstellung der deutschen Einheit wesentlich erschweren mußte, wenn die Alliierten sie ernsthaft gewollt hätten.

Aber ganz abgesehen von diesen Währungsaspekten muß selbstverständlich und vor allem die rein politische Dimension der Reform gesehen werden. Sie war einer der ersten Mosaiksteine zur Gründung einer neuen westdeutschen politischen Einheit – konkret: zur Überführung der Bizone durch den Zusammenschluß mit der französischen Zone zur späteren Bundesrepublik –, deren Schaffung offenbar bereits seit dem Frühsommer 1947 mit der neuen amerikanischen Politik im Ost-West-Konflikt, wie sie sich vor allem im *Marshall-Plan* manifestierte, ins Auge gefaßt worden war.[5] Verständlicherweise war die deutsche Seite zunächst nicht

---

3 Vgl. Anm. 2 sowie das im Anhang beigefügte Dokument (Dok.) Nr. 1, eine kritische Analyse des Plans in der amerikanischen Militärregierung.

4 Vgl. dazu Anhang, Dok. Nr. 5, Bericht der amerikanischen Militärregierung über die sowjetische Position zur Währungsreform.

5 Vgl. dazu auch den Beitrag *Wandel*.

daran interessiert, unter diesen Aspekten nach außen eine politische Verantwortung für die Währungsreform zu übernehmen.

Was die Zweiteilung Deutschlands anlangt, so waren die Deutschen in der Tat Objekt alliierter politischer Entscheidungen und das Besatzungsregime erlaubte, was in der Währungsgeschichte ein Kuriosum darstellt: daß die Währung, die neben Polizei und Militär zu den wichtigsten Attributen eines Staatswesens gehört, diesem gewissermaßen von außen in die Wiege gelegt und nicht – wie sonst bei Staatsgründungen üblich – von diesem aus der Taufe gehoben wurde. Trotz alledem haben die westdeutsche Bevölkerung und ihre politischen Institutionen – und nur diese hatten, anders als die Ostdeutschen, eine echte Wahlmöglichkeit – im Innenverhältnis freiwillig und loyal zum guten Gelingen der Währungsreform beigetragen und wenig später auch mit ihrer positiven Einstellung zur Gründung der Bundesrepublik Deutschland die vorgezeichnete Entwicklung nach außen legitimiert.

Währungsreform als Ordnungspolitik

Für eine zutreffende Beurteilung der Währungsreform muß man sich vor Augen halten, daß es sich bei der Neuordnung des Geldwesens um eine im Grunde genommen ordnungspolitische Maßnahme handelte, weil es darum ging, ein voll funktionsfähiges Zentralbank- und Geschäftsbankensystem zu schaffen. Die zu diesem Zweck ergriffenen Einzelmaßnahmen lösten selbstverständlich Sofortwirkungen aus, die aber schon bald durch die von der Zentralbank in den Wochen und Monaten nach der Währungsreform betriebene Politik und deren Einfluß auf den monetären Sektor überlagert wurden. Die Reform selbst schuf also nur die Voraussetzungen für eine erfolgreiche monetäre Politik. Diese mußte danach in dem neu gesetzten Rahmen konzipiert und durchgesetzt werden, und ihr war es dann weitgehend zu verdanken, daß sich die wirtschaftliche Aufwärtsentwicklung schnell und nachhaltig vollzog.[6] Zu diesem Rahmen gehörte die Beseitigung des Geldüberhangs, die Bankensanierung, die Schuldenregelung und selbstverständlich auch die Ausstattung des Zentralbanksystems mit geldpolitischen Instrumenten, um eine wirksame Geldpolitik betreiben zu können.

Nachdem in den Ländern der drei Westzonen bereits seit 1946 gegründete Landeszentralbanken (LZB) zur Verwaltung der RM-Währung im jeweiligen Landesgebiet existierten, fiel die Entscheidung der Militärregierungen zugunsten eines zweistufigen Zentralbanksystems mit einer „Bank deutscher Länder (BdL)" als gemeinsamer Tochter der LZB. Für die BdL wurden die üblichen Zentralbankaufgaben vorgesehen, für die ein selbständiges Direktorium zuständig war; als oberstes Organ für die Geld- und Währungspolitik mit Weisungsrechten an BdL und LZB wurde ein Zentralbankrat geschaffen, in dem der Direktoriumspräsident und die LZB-Präsidenten Sitz und Stimme hatten. De facto hat das zweistufige

6 Vgl. dazu und zum Folgenden auch die Beiträge *Schlesinger* (S. 16ff.) und *Wandel* (S. 42f.).

Zentralbanksystem wie *eine* Zentralbank funktioniert und ist in seinen Grundzügen bis auf den heutigen Tag erhalten geblieben, auch nachdem das Bundesbankgesetz die LZB zu Töchtern der Bundesbank gemacht hat.

Der organisatorische Mantel für das westdeutsche Zentralbanksystem wurde mit Wirkung vom 1. März 1948 geschaffen, also schon mehrere Wochen bevor die konkreten Vorbereitungen für die Durchführung einer Währungsreform durch die Einberufung des Konklave eingeleitet wurden. Die Wahlvorgänge zur personellen Besetzung der Organe des Zentralbanksystems, und hierbei insbesondere des Präsidenten des Direktoriums, zogen sich viele Wochen hin, so daß erst am 1. Juni 1948 *Vocke* in diese Position gewählt wurde. Das Zentralbanksystem hat somit an den ersten Währungsgesetzen, die es dann durchzuführen und zu ergänzen hatte, nicht mitgewirkt.

Der bereits seit dem 1. März 1948 bestehende organisatorische Mantel für das Zentralbanksystem konnte auch erst mit der Einführung der neuen DM-Währung inhaltlich ausgefüllt werden. Dies geschah mit dem Emissionsgesetz, das am 20. 6. 1948 in Kraft trat, und mit dem der BdL das alleinige Ausgaberecht für DM-Banknoten und Kleingeld übertragen und die Verpflichtung zur Festsetzung von Mindestreserven auferlegt wurde. Da für das neu geschaffene Währungsgebiet der DM auf deutscher Seite keine politischen Instanzen existierten, stellte sich das Problem der Unabhängigkeit der Notenbank zunächst nicht – es bedurfte erst nach der Gründung der Bundesrepublik Deutschland einer Regelung. Selbstverständlich unterlag das Zentralbanksystem dem Besatzungsregime der Alliierten, die eine Alliierte Bankkommission errichtet hatten und speziell für die Ergänzung der von ihnen erlassenen Währungsgesetze die Schaffung einer gesonderten Währungsabteilung innerhlab der BdL vorschrieben.

Obwohl es nur zu verständlich und im Kern auch zutreffend ist, sich an die Währungsreform als an eine einmalige und zeitpunktbezogene Maßnahme zu erinnern, darf man also nicht übersehen, daß es die laufende Geld- und Währungspolitik des nunmehr weitgehend verantwortlichen Zentralbanksystems einschließlich der Währungsabteilung war, der die Erfolge der Währungsreform zuzuschreiben sind. Dies gilt schon deshalb, weil die Währungsreform nur das binnenwirtschaftliche Geldwesen betraf und die außenwirtschaftlichen Beziehungen zu anderen Währungsgebieten nicht berührte, die außenwirtschaftlichen Transaktionen jedoch die monetäre Entwicklung erheblich beeinflußten.

Besonders sichtbar wurde die Bedeutung der Geldpolitik, als etwa drei Monate nach der Währungsreform im Zuge der Deregulierungspolitik mit der weitgehenden Aufhebung des Preisstopps starke Inflationstendenzen aufkamen, die den Erfolg der Währungsreform zu gefährden drohten. Die daraufhin eingeleitete monetäre Restriktion erwies sich als wirksam, so daß die inflatorischen Tendenzen gebannt werden konnten und dies sogar ohne eine nachhaltige Beeinträchtigung von Produktion und Beschäftigung.

Die Währungsreform im einzelnen[7]

Wie schon erwähnt, gehörte die Beseitigung des Geldüberhangs und die Bankensanierung zu den wesentlichen Voraussetzungen für eine wirksame Geldpolitik des Zentralbanksystems. Zwar läßt sich ein Geldüberhang unter Beibehaltung der geltenden Währung reduzieren, indem man alle Bankguthaben der Bevölkerung zusammenstreicht oder blockiert, wie es in der Ostzone schon kurz nach der Kapitulation geschah. Es bleibt dann jedoch ein Bargeldüberhang, der – wenn die Bargeldbestände sehr hoch sind, wie das für die RM der Fall war – das Ausmaß der Reduktion des gesamten Geldüberhangs in unerwünschter Weise beschränken könnte, ganz abgesehen davon, daß die Bevorzugung des Bargeldes das Vertrauen in das Bankensystem untergräbt. Will man auch den Bargeldbestand vermindern, so kann dies durch eine gesetzlich vorgeschriebene Herabsetzung des Nennwerts aller Banknoten auf einen bestimmten Bruchteil erreicht werden, wobei sich außerhalb des Währungsgebiets befindliche Banknotenbestände allerdings nicht ausschließen lassen. Soll das vermieden werden, so muß man die vorhandenen Banknotenbestände bei dem zu erfassenden Personenkreis zur Ablieferung aufrufen und den Teil der Banknoten, der für den künftigen Bargeldumlauf vorgesehen ist, durch Aufkleber oder auf andere Weise möglichst fälschungssicher kennzeichnen und den Benützern wieder aushändigen – eine Methode, die von den Sowjets bei der Währungsreform für ihre Zone unmittelbar nach der westdeutschen Reform angewendet wurde und die de facto bereits auf die Einführung einer neuen Währung hinausläuft.[8]

Für die westdeutsche Währungsreform tauchten die eben angedeuteten Schwierigkeiten nicht auf, weil die Amerikaner schon im Herbst 1947 unter strenger Geheimhaltung neue auf „Deutsche Mark" lautende Banknoten hergestellt und nach Frankfurt/Main gebracht hatten. So konnte man vor dem Stichtag der Währungsreform – dies war Montag, der 21. Juni 1948, an dem die RM-Währung außer Kraft trat und die DM alleiniges gesetzliches Zahlungsmittel wurde – neue DM-Banknoten an die deutsche Bevölkerung ausgeben und das RM-Bargeld einziehen. Jeder Bewohner in den drei Westzonen erhielt am Sonntag vor dem Stichtag bei den Lebensmittelkartenstellen im Umtausch gegen RM-Geld im Verhältnis 1:1 die erste Rate eines Kopfbetrags von 40 DM, wodurch ein DM-Gesamtbetrag in Höhe von fast 2 Mrd. DM in Umlauf gesetzt wurde. Für alle wiederkehrenden Leistungen wie Löhne, Renten, Mieten usw. wurde festgelegt, daß sie mit demselben Nennbetrag nunmehr in DM statt in RM zu erfüllen waren. Für Verbindlichkeiten aus solchen Leistungen galt also das Umstellungsverhältnis

7 Eine umfassende Darstellung bei *Hans Möller,* Die westdeutsche Währungsreform von 1948, in: Deutsche Bundesbank, Währung und Wirtschaft in Deutschland 1876–1975, Frankfurt/M. 1975, S. 433–483 (mit einem Verzeichnis der einschlägigen deutschen und ausländischen Literatur).

8 Vgl. dazu das Schreiben von Marschall *Sokolowski* an General *Clay,* Anhang, Dok. Nr. 6 sowie das in Anm. 4 erwähnte Dok. Nr. 5.

1 DM für 1 RM. Da auch die Preisbindung noch einige Zeit in Kraft blieb, vollzog sich das tägliche Wirtschaftsleben vom Montag an mit neuem Geld, dessen anfängliche Knappheit schnell Warenangebote hervorlockte. Der so vollzogene Übergang von einer Währung in eine neue Währung dürfte ein einmaliger Vorgang sein und auch bleiben, weil die dazu erforderlichen Voraussetzungen früher nie gegeben waren und auch kaum nochmals wiederkehren werden.

Das nicht zum Eintausch des Kopfbetrages erforderliche RM-Bargeld war von den in den drei Westzonen ansässigen Besitzern bei Geldinstituten ihrer Wahl abzuliefern und wurde ihnen auf RM-Konten gutgeschrieben. Alle bestehenden RM-Guthaben auf Giro-, Termin- und Sparkonten mußten von den Inhabern auf ein Konto bei einer frei zu wählenden Abwicklungsbank zusammengefaßt werden, das dann „ihr" Altgeldguthaben ergab. Dieses Altgeldguthaben wurde nach einem bestimmten Verfahren – dazu gehörte z. B. bei größeren Guthaben eine finanzamtliche Überprüfung – und zu bestimmten Prozentsätzen in DM umgewandelt. Wie hoch die Umwandlung sein und wie sie zeitlich gestaffelt werden sollte, war Gegenstand heftiger Kontroversen, auf die ich gleich eingehen werde. Ferner war den Empfängern des Kopfbetrages zu einem späteren Zeitpunkt noch dessen 2. Rate von 20 DM gutzuschreiben bzw. auszubezahlen. Da die Umwandlung von Altgeldguthaben in neues Geld längere Zeit erforderte, wurde Gewerbetreibenden auf besonderen Antrag und im Vorgriff auf ihre zu erwartenden DM-Ansprüche Geschäftsbeträge gewährt, die sich nach der Zahl der von ihnen beschäftigten Personen richteten und sich auf 60 DM pro Kopf beliefen. Gebietskörperschaften und bestimmte öffentliche Körperschaften wie Bahn- und Postverwaltungen – nicht aber Sozialversicherungsträger –mußten zwar ihr Altgeld ebenfalls abliefern, jedoch erloschen ihre Altgeldguthaben vollständig; stattdessen erhielten sie von den LZB und der BdL Erstausstattungen in neuem Geld, die bei Gebietskörperschaften den durchschnittlichen Monatseinnahmen des vorangegangenen Halbjahres und bei der Bahn- und Postverwaltung nur der Hälfte davon entsprachen.[9]

Durch diese Vorschriften wurden die Banken gesetzlich zur Gutschrift von DM-Beträgen verpflichtet, über die die Kunden verfügen konnten, sei es durch Abhebung, sei es im Überweisungsverkehr. Gleichzeitig sollten die Banken möglichst schnell das Kreditgeschäft aufnehmen, um die Versorgung der Wirtschaft mit Geld und Kredit elastisch zu gestalten. Dazu mußten die Banken handlungsfähig sein. Ihre Aktiven bestanden jedoch überwiegend aus RM-Titeln gegen das de facto nicht mehr existierende Deutsche Reich und dessen nachgeordnete Stellen. Diese Forderungen waren wertlos und es bestand auch nicht die Absicht, sie wieder teilweise aufzuwerten, weil das mit erheblichen rechtlichen und technischen Schwierigkeiten verbunden gewesen wäre. So waren fast alle Banken konkursreif, was in der RM-Zeit dadurch verschleiert worden war, daß ihnen offiziell gestattet wurde, die wertlosen Titel als Aktiva zum Nennwert zu bilanzieren.

In geringem Umfang besaßen die Banken Sachanlagen sowie andere verbriefte

9 Vgl. den Exkurs zu diesem Beitrag, Ziff. 3c.

und unverbriefte Forderungen, die generell für alle Gläubiger auf 10 DM für 100 RM umgestellt wurden, was ebenfalls Kontroversen zwischen Alliierten und Deutschen auslöste, auf die später eingegangen wird. Ferner erhielten die Geldinstitute eine wohl zu großzügig bemessene Erstausstattung mit liquiden Zentralbankguthaben in Abhängigkeit von den aus der Umwandlung von Altgeldguthaben resultierenden Passiva. In den DM-Eröffnungsbilanzen aller Geldinstitute überstiegen die aus der gesetzlichen Geldschöpfung resultierenden Passiva die noch verfügbaren Aktiva. Diese Lücke wurde durch die Einräumung von Ausgleichsforderungen gegen die öffentliche Hand geschlossen. Dabei durften die Geldinstitute auf der Passivseite auch ein angemessenes Eigenkapital einsetzen. Diese Regelung galt auch für die LZB und BdL.[10]

Für das Bankensystem in den drei Westzonen als Ganzes kann man die insgesamt zugeteilten Ausgleichsforderungen als Umstellung der gehaltenen Reichstitel auf neue DM-Forderungen gegen die öffentliche Hand interpretieren, wobei die Umstellungssätze für die einzelnen Geldinstitute je nach ihrer Bilanzstruktur stark differierten. Die neuen Ausgleichsforderungen waren nicht handelbar und niedrig – mit 3% – verzinslich, so daß sich die damit verbundene Belastung der öffentlichen Haushalte in relativ engen Grenzen hielt.[11] Mit dieser Form der Bankensanierung wurden die Banken instand gesetzt, ihre bankgeschäftlichen Dispositionen eigenverantwortlich auf der Grundlage von Bilanzen zu treffen, die wieder ausgeglichen waren. Zugleich wurde erreicht, daß das Zentralbanksystem die Geldversorgung über das Geschäftsbankensystem zu steuern vermochte.

Damit ist der Inhalt der Währungsreform im wesentlichen dargestellt. Erwähnenswert sind noch einige weitere Maßnahmen, die zur Durchsetzung und Sicherung der neuen Währung ergriffen wurden. So wurde die DM zum alleinigen gesetzlichen Zahlungsmittel erklärt und zugleich wurden andere Schuldenbemessungsgrundlagen wie Gold, Indexziffern und andere Währungen verboten – mit der Ermächtigung der BdL zu generellen Ausnahmen etwa im Außenwirtschaftsverkehr. Für die BdL wurde eine Obergrenze für den Bargeldumlauf festgesetzt, die nur unter erschwerten Bedingungen schrittweise heraufgesetzt werden konnte. Kreditgewährungen an die öffentlichen Hände durch das Zentralbanksystem waren mit Ausnahme von kurzfristigen Kassenkrediten verboten. Angesichts der Erfahrung, daß die Zerrüttung des Geldwesens fast immer auf Defizite der öffentlichen Haushalte zurückzuführen ist, wurden – unter Androhung eines unmittelbaren Eingreifens der Militärregierungen – Haushaltsdefizite grundsätzlich untersagt. Das Zentralbanksystem wurde gegenüber Einflüssen von Seiten öffentlicher

10 Vgl. dazu die zusammengefaßte Umstellungsrechnung des Bankensystems im Exkurs, Ziff. 3d.

11 Vgl. *Wilhelmine Dreissig*, Steuerpolitik im Zusammenhang mit der Währungsreform, in: Staat, Steuern und Finanzausgleich, Festschrift für *Heinz Kolms* zum 70. Geburtstag, hg. von *W. A. S. Koch* und *H.-G. Petersen*, Berlin 1984 – eine erst spät erschienene und deshalb in früheren Darstellungen der Währungsreform nicht berücksichtigte Analyse. Die Verfasserin nahm, von den deutschen Experten kooptiert, als Protokollantin am „Konklave“ teil, obwohl sie von den Alliierten nicht offiziell benannt worden war.

Stellen abgeschirmt und unter die Kontrolle einer Alliierten Bankenkommission gestellt. Einige dieser Maßnahmen wurden dann im Laufe der Zeit gelockert oder durch neue Regelungen ersetzt.

Kontroversen mit den Allierten[12]

Im Zusammenhang mit der Währungsreform wird nun immer wieder die Frage aufgeworfen, ob und inwieweit die Alliierten uns Deutschen ihre Vorstellungen aufgezwungen und uns zu Regelungen veranlaßt haben, die sich zum Nachteil der drei Westzonen ausgewirkt haben. Die Antwort auf diese Frage fällt unterschiedlich aus, je nachdem ob man sie auf Grund des Wissens und der Einstellung der deutschen Experten zur Zeit des Konklaves gibt, oder ob man die Erfahrungen aus der Zeit nach der Währungsreform mit berücksichtigt. Mit anderen Worten: Manches, was die Alliierten gegen die erklärten Auffassungen der Deutschen durchgesetzt haben, hat sich später als zweckmäßige Lösung erwiesen.

Ihren Standpunkt nach Abschluß ihrer Arbeiten im Konklave haben die deutschen Sachverständigen in einer offiziellen Erklärung vom 8. Juni 1948 an die Alliierten festgehalten.[13] Mit dieser Erklärung distanzierten sie sich mit scharfen Formulierungen von ihrem eigenen Werk, lehnten jegliche Verantwortung für die Währungsreform ab, zählten die Regelungen auf, gegen die sie schwerwiegende Bedenken hatten und machten z. T. Gegenvorschläge; ferner kritisierten sie die von den Alliierten bei der Einberufung und während des Konklave erhaltenen Informationen, die sie als z. T. widersprüchlich und irreführend empfunden hätten. Verständlicherweise verzichteten sie darauf, die eigenen positiven Beiträge zu den von ihnen im einzelnen ausgearbeiteten drei Währungsgesetzen mit drei Durchführungsverordnungen sowie einer größeren Zahl von Merkblättern und Richtlinien für die praktische Anwendung der gesetzlichen Regelung zu erwähnen oder gar hervorzuheben. Dies hätte auch kaum zu ihrer Philippika gegen die Alliierten und deren Vertreter gepaßt. Obwohl ich die emphatische Erklärung der deutschen Konklavemitglieder mit unterzeichnet habe, kann ich mich persönlich nicht mehr daran erinnern, wie sie im einzelnen diskutiert und formuliert wurde und daß ihr von mir seiner Zeit ein großes Gewicht beigelegt worden wäre.

Will man die von uns Konklavemitgliedern vorgebrachte Kritik an den alliierten Auflagen und Vorstellungen im einzelnen prüfen, so stößt man auf die Schwierigkeit, daß die Texte der von uns im Konklave fertiggestellten Gesetze und Verordnungen in den zehn Tagen bis zu ihrer Verkündung noch in einigen Punkten geändert wurden. Mir jedenfalls liegen die ursprünglichen Texte nicht mehr vor. Das gilt insbesondere für das Ausmaß des Geldschnitts, das einen der beiden Hauptpunkte unserer Kritik bildete und das in den zehn Tagen nach Abschluß des

12 Vgl. dazu das im Anhang als Dok. Nr. 2 abgedruckte Protokoll einer Plenarsitzung im Konklave mit dem Währungsausschuß des bizonalen Wirtschaftsrats und Vertretern der Militärregierungen.

13 Abgedruckt als Dok. Nr. 3 im Anhang.

Konklaves Gegenstand heftiger und hektischer Verhandlungen zwischen den deutschen Politikern der Zweizonenverwaltung und den Alliierten war. Die von uns in der erwähnten Abschlußerklärung geübte Kritik und die z. T. gemachten Gegenvorschläge betrafen folgende Punkte:

1. Erhöhung der Kopfbeträge, die ursprünglich offenbar nur 40 DM betragen sollten, auf 50 DM. Tatsächlich wurden sie dann auf 60 DM – allerdings in zwei Raten von zunächst 40 DM und später weiteren 20 DM – heraufgesetzt.

2. Die Kopfbeträge sollten nicht auf die Umwandlungsquote angerechnet werden. Hier blieben die Alliierten hart, offenbar weil die Nichtanrechnung bei einer Bevölkerung von 48 Mio. Personen und einem Kopfbetrag von 50 DM eine zusätzliche gesetzliche Geldschöpfung von 1 bis 2 Mrd. DM mit sich gebracht hätte.

3. Eine nach der Umwandlung sofort verfügbare Freiquote sollte nur 5 % der RM-Altgeld-Guthaben betragen. Aus diesem Vorschlag der deutschen Experten ist zu schließen, daß die Alliierten ursprünglich eine höhere Quote vorgesehen hatten – vermutlich 10% entsprechend der festgelegten Umstellung sonstiger RM-Forderungen. Die Währungsgesetze haben unseren Vorschlag übernommen, allerdings mit einer Anrechnung des Kopfbetrages.

4. Als Kompensation für diese Begrenzung der Freiquote sollte – nach unseren Vorschlägen – die Behandlung von weiteren 15 oder 20 oder allenfalls auch von 25 % der Altgeldguthaben nicht in der Schwebe bleiben, sondern bereits in den Währungsgesetzen inhaltlich geregelt werden, am besten unter Einräumung einer öffentlichen, vorläufig unverzinslichen Neugeldanleihe mit grundsätzlicher Verkaufssperre für mehrere Jahre. Die Angabe einer gesamten Umwandlungsquote einschließlich der Freiquote in der Marge von 20 – 30% der Altgeldguthaben in unserer Erklärung deutet auch auf Meinungsunterschiede bei den Konklavemitgliedern hin. In der inhaltlichen Ausfüllung dieser Ansprüche etwa in Höhe von 30% der Altgeldguthaben konnte man zudem einen Vorgriff auf den Lastenausgleich erblicken, der ausdrücklich ausgeklammert bleiben sollte. Vor allem aber war zu befürchten, daß bei einer solchen Regelung früher oder später und zu ungelegener Zeit ein starker politischer Druck dahingehend ausgeübt werden würde, diese Ansprüche beleihbar oder handelbar zu machen und ihre Verzinsung vorzusehen. Ob und inwieweit die politischen Instanzen einem solchen Druck standhalten würden, war schwer zu prognostizieren. Die damit verbundene Gefahr einer erheblichen Belastung der öffentlichen Haushalte wollten die Alliierten keinesfalls in Kauf nehmen.

Die tatsächlich getroffene Regelung sah dann so aus, daß die inhaltlich ausgefüllte Umwandlungsquote nur 10% betrug, von denen 5% einem Freikonto und die andere Hälfte einem Festkonto gutzuschreiben war, über dessen „Behandlung" innerhalb von 90 Tagen entschieden werden sollte. Darüber hinaus – so lautete der Gesetzestext – „kann" den Inhabern von Altgeldguthaben ein weiterer Anspruch im Höchstbetrag von 1 DM für 10 RM Altgeldguthaben gewährt werden, wobei die Militärregierung über Umfang und Art dieses Anspruchs bestimmt. Das war die sogenannte Schattenquote, mit der sich die Umwandlung auf insgesamt

20% belaufen hätte. Gegenüber den deutschen Konklave-Vorschlägen für die Umwandlung von 5% frei und weiteren 15–25% inhaltlich ausgefüllten Ansprüchen wurde in den Verhandlungen zwischen den deutschen Politikern und den Alliierten also eine Dreiteilung von 5% frei, 5% fest und 10% inhaltlich unbestimmt und lediglich als vage Möglichkeit vorgesehen.

Angesichts der schon erwähnten Inflationstendenzen im Frühherbst 1948 wurden dann durch ein Militärregierungsgesetz Ende September/Anfang Oktober 7/10 der 5% auf den Festkonten gestrichen, so daß von 100 RM nur noch 6,50 DM übrig blieben und die Schattenquote abgeschrieben werden mußte. Die getroffenen Regelungen zeigen, daß die Alliierten den deutschen Wünschen teilweise entgegengekommen waren, aber dafür gesorgt hatten, daß eine Umwandlung über die 5% Freiquote hinaus zeitlich so hinausgeschoben wurde, daß man sie von der sich vollziehenden monetären Entwicklung abhängig machen konnte, was sicherlich zweckmäßig war und einen Kompromiß zwischen den Anhängern eines radikalen Geldschnitts und den Befürwortern einer großzügigen Umwandlung darstellte – zumindest soweit letztere sich von stabilitäts- und beschäftigungspolitischen (und nicht von verteilungspolitischen) Erwägungen leiten ließen.

5. Ein zweiter Hauptpunkt der Kritik der Konklavemitglieder war die Umstellung der sonstigen Geldschuldverhältnisse, außer aus wiederkehrenden Leistungen, für die die Militärregierungen eine Abwertung auf 10% ihres RM-Nominalwertes vorgesehen hatten, während von deutscher Seite eine Umstellung im Verhältnis 1:1 vorgeschlagen wurde. Hier blieben die Alliierten ebenfalls hart und setzten ihren Standpunkt durch. Die deutschen Hinweise auf die dann entstehenden Schuldnergewinne entkräfteten sie zumindest teilweise dadurch, daß sie sich mit einer Schuldnergewinnabgabe einverstanden erklärten, die dann auch schnell durchgeführt wurde. Trotzdem bedeutete die Abwertung der Schulden von 10:1 eine Begünstigung der Schuldner, von denen bei der deutschen Lösung viele gezwungen gewesen wären, wegen der kriegs- oder kriegsfolgebedingten Wertminderung ihrer mit den Schulden finanzierten Aktiva (etwa durch Zerstörung eines Miethauses) eine Schuldherabsetzung beim Gläubiger oder gar vor Gericht durchzusetzen. Die generelle Abwertung ersparte also viele langwierige und einen Neuanfang lähmende Auseinandersetzungen, was sicherlich auch investitionsfördernd wirkte – allerdings um den Preis einer zu dem Geldschnitt hinzutretenden einseitigen Gläubigerbelastung.

6. Hervorgehoben zu werden verdient, daß die deutschen Sachverständigen in ihrer Abschlußerklärung den Militärregierungen nicht vorgeworfen haben, daß sie den Lastenausgleich aus der Währungsreform herausgelöst und in die Zuständigkeit deutscher Stellen verwiesen hatten. Die dafür von den Alliierten geltend gemachten Gründe waren so überzeugend, daß kritische Bemerkungen zu diesem Punkt unterlassen wurden. Durch die Herausnahme des Lastenausgleichs aus der Währungsreform entfiel auch – abgesehen von vielen wichtigen verfahrenstechnischen Regelungen – der „Homburger Plan“ der Sonderstelle Geld und Kredit als Ausgangspunkt für die Konzeption der Währungsreform im Konklave, da dieser

Plan im Kern gerade auf der Verbindung der beiden Sachgebiete beruhte.[14]

7. Nach zwei weniger wichtigen Gegenvorschlägen der deutschen Konklavemitglieder in ihrer Abschlußerklärung folgten als Punkt 4 die grundsätzlichen politischen Vorbehalte. Daß sich eine gesamtdeutsche Währungsreform aus politischen Gründen offenbar nicht ermöglichen läßt, ist für die deutschen Sachverständigen „Anlaß zu ernster Beunruhigung". Sodann wird gefordert, daß in den Militärregierungsgesetzen wenigstens für Berlin eine Sonderregelung getroffen wird, damit die deutsche Hauptstadt, wenn irgend möglich, nicht als Teil der Ostzone erscheint. So psychologisch verständlich diese Forderung auch sein mag, so muß man sie wohl doch als reichlich naiv bezeichnen, wie dann das Währungsreform-Duell um Berlin mit sowjetischer Landblockade der Stadt und westlicher Luftbrücke deutlich gezeigt hat. Trotzdem wäre es auch heute noch interessant zu wissen, welche Lösungen die westlichen Alliierten für das Währungsproblem in Berlin ursprünglich ins Auge gefaßt hatten.[15]

Auch die Kritik der Informationspolitik der Militärregierungsvertreter gegenüber den deutschen Konklavemitgliedern, die immerhin die Hälfte von deren Abschlußerklärung in Anspruch nimmt, läßt wenig Verständnis für die Lage und Probleme der Alliierten erkennen, was auf die weitgehend a-politische Einstellung der deutschen Sachverständigen zurückzuführen sein dürfte. An politische Prozesse und ihre Begleiterscheinungen waren sie nicht gewohnt. Daß Meinungsverschiedenheiten schon innerhalb von Regierungen und Verwaltungen bestehen, daß zwischen den drei westlichen Alliierten äußerst schwierige Einigungsprozesse abliefen[16] und daß dabei die Rückwirkungen auf die Sowjetunion und deren Reaktionen sowie auf die Weltmeinung ganz allgemein ständig berücksichtigt werden mußten: all das wurde von uns Sachverständigen nicht genügend reflektiert, zum Teil wohl, weil das notwendige politische Wissen über die Weltlage und die internen Vorgänge bei den Alliierten fehlten, zum Teil aber auch, weil uns Deutschen das Hemd näher war als der Rock, und der Wunsch, die wirtschaftliche Misere endlich zu überwinden, ganz im Vordergrund stand.

8. Versucht man die relativ lange Erklärung der deutschen Konklavemitglieder insgesamt zu bewerten, so sollte sie meines Erachtens im wesentlichen eine Alibifunktion haben und ausschließen, daß bei Pannen oder gar einem Mißlingen der Währungsreform die Deutschen zum Sündenbock abgestempelt werden. Infolgedessen wurden ihre positiven Beiträge nicht hervorgehoben, wobei zudem noch zu berücksichtigen ist, daß es bei einer so engen Zusammenarbeit, wie sie im Konklave auch mit den Vertretern der Alliierten ablief, schwierig ist, die erzielten Ergebnisse den Beteiligten zuzurechnen.

14 Vgl. Anm. 2 und 3.

15 Vgl. dazu das in Anm. 4 erwähnte Dok. Nr. 5 sowie den Schriftwechsel zwischen Marschall *Sokolowski* und General *Clay,* Dok. Nr. 6 und 7 im Anhang; vgl. auch den Beitrag *Wandel,* S. 49ff.

16 Dazu neuerdings: *Ian Turner,* Great Britain and the Post-War German Currency Reform, in: The Historical Journal, 30, 3 (1987), S. 685–708; ferner *Manuel Gottlieb,* The German Peace Settlement and the Berlin Crisis, New York 1960; vgl. auch Beitrag *Wandel.*

Die Arbeitsatmosphäre im Konklave war insgesamt gut, da letztlich alle Beteiligten an einem Gelingen der Währungsreform interessiert waren. Dies galt insbesondere für die amerikanischen Vertreter, die die Westzonen schon seit der Kapitulation mit erheblichen Hilfeleistungen unterstützt hatten, die sie zu beenden bzw. für die Ziele des *Marshall-Plans* nutzbar zu machen wünschten. Es ist zu vermuten, daß die Amerikaner einen dahingehenden Einfluß auch auf ihre Verbündeten ausübten. Da sich schon bald zeigte, daß die Währungsreform mit ihren Konsequenzen von der deutschen Bevölkerung akzeptiert wurde und sich die wirtschaftliche Lage schnell und sichtbar verbesserte, erwies sich die harsche Erklärung der deutschen Konklavemitglieder letztlich als gegenstandslos. Ein Sündenbock brauchte nicht gesucht zu werden. Die Alliierten trugen die Verantwortung für die Währungsreform gern und waren bereit, mit der Luftbrücke für Berlin ihren Preis dafür zu übernehmen.

Gesamtwirtschaftliche Wirkungen der Währungsreform

Abschließend einige Bemerkungen über die Wirkungen der Währungsreform: Dabei ist zunächst festzuhalten, daß wegen der Überlagerung von Währungsreform und Wirtschaftsreform im Sinne von Wiederherstellung marktwirtschaftlicher Bedingungen sich die eingetretenen und meßbaren Wirkungen nicht eindeutig auf die beiden Reformmaßnahmen aufteilen lassen. Einigermaßen meßbar ist die Belebung der Produktion und Investition sowie die Zunahme des Konsums, also der makroökonomischen Größen, mit denen man vor allem das wirtschaftliche Wachstum erfaßt. Jedoch muß man dabei berücksichtigen, daß seit der Kapitulation bis zur Währungsreform – ausgehend von einem extrem niedrigen Niveau – bereits ein sehr langsames Wachstum im Gange war, so daß man den beiden Reformmaßnahmen nur dessen Beschleunigung zurechnen darf. Diese Beschleunigung mündete dann in das deutsche „Wirtschaftswunder", das häufig mit der Währungsreform in Zusammenhang gebracht wird. Ein solcher Zusammenhang läßt sich sicherlich konstruieren, ist aber recht verwickelt, wie ich gleich zeigen werde.

Stellt man sich zunächst vor, die Deregulierung, also die Befreiung der Wirtschaft von den Fesseln der Reglementierung, wäre ohne den Geldschnitt vorgenommen worden, so wäre die zurückgestaute Inflation in eine offene Preisinflation übergegangen. Ein Zentralbanksystem mit Instrumenten zur Steuerung der Geldversorgung hätte auch dann geschaffen werden müssen. Wie dessen Politik gestaltbar gewesen wäre, wie sich die Banken verhalten hätten und wem sich die mit der Inflation real entwertende Reichsschuld hätte aufbürden lassen, all das kann hier offen bleiben. Sicher ist, daß durch die Deregulierung starke wirtschaftliche Auftriebskräfte freigesetzt worden wären, deren Wirkungen jedoch durch den ausgelösten Prozeß der plötzlichen Anpassung der Preise an den riesigen Geldüberhang begrenzt worden wären. Demgegenüber war die Deregulierung zusammen mit einer Währungsreform, die den Geldüberhang beseitigte und das Geldvolumen so weit reduzierte, daß es mit dem bislang geltenden staatlich gestoppten Preisniveau annähernd im Einklang stand, sicherlich vorteilhaft. Dadurch konnten vorübergehende Fehlanpassungen des Wirtschaftsgeschehens, wie sie bei einer Erhöhung des gesamten Preisniveaus zur Eliminierung des Geldüberhangs zwangsläufig eingetreten wären, vermieden werden; außerdem konnte die Steuerbarkeit der Geldversorgung durch das Zentralbanksystem wesentlich verbessert werden. Die erste Aussage lautet also, daß die Währungsreform, wie sie 1948 durchgeführt wurde, die positiven Wirkungen der Deregulierung nachhaltig verstärkt hat.

Stellt man sich nunmehr vor, daß die Währungsreform ohne nahezu gleichzeitige Deregulierung stattgefunden hätte, eine Vorstellung, die ja – wie einleitend erwähnt – damals keineswegs unrealistisch war: Die Beseitigung des Geldüberhangs hätte dann ebenfalls positive Wirkungen für das Wirtschaftsleben ausgelöst. Würde das nicht gelten, so wäre es kaum erklärbar, warum sozialistische Planwirtschaften mehrfach Maßnahmen zur Beseitigung eines bei ihnen entstandenen Geldüberhangs ergriffen haben. Auch eine isolierte Währungsreform hätte also eine Belebung der Wirtschaft, eine Beschleunigung des wirtschaftlichen Wachstums, hervorgerufen, jedoch wohl in geringerem Ausmaß als bei einer isolierten Deregulierung und in einem weit geringerem Ausmaß als bei einer gleichzeitigen Währungs- und Wirtschaftsreform.

Zieht man ferner in Betracht, daß die vielen Einzelmaßnahmen einer Währungsreform sehr unterschiedlich gestaltet werden konnten, so läßt sich noch die weitere Aussage begründen, daß die Währungsreform von 1948 eine Reihe von Regelungen umfaßte, die man nach heutiger Terminologie als „angebotsorientiert" klassifizieren würde. Zu solchen Maßnahmen, die Produktion und Investition besonders gefördert haben, sind beispielsweise zu rechnen: die zeitliche Verschiebung des Lastenausgleichs, die Schuldenabwertung im Verhältnis 10:1, die mit der Währungsreform in Kraft gesetzten Steuererleichterungen, die Begrenzung der Belastung der öffentlichen Haushalte mit Ausgleichsforderungen, den radikalen Geldschnitt und die den öffentlichen Einrichtungen auferlegte Haushaltsdisziplin. Alle diese Maßnahmen hätten schon die positiven Wirkungen einer isolierten Währungsreform erhöht und haben in noch stärkerem Maße die Effekte der Deregulierung unterstützt.

Allerdings muß man bei allen diesen Aussagen – wie bereits hervorgehoben – mit in Betracht ziehen, daß es schwierig ist, zwischen den eher zeitpunktbezogenen ordnungspolitischen Maßnahmen der Währungsreform im engeren Sinne und der Geld- und Wirtschaftspolitik nach der Währungsreform zu unterscheiden. Weiter darf man auch nicht übersehen, daß die deutsche Wirtschaftsentwicklung nach 1948 von exogenen Faktoren positiv beeinflußt wurde.

In diesem Zusammenhang taucht häufig die Frage nach der Bedeutung des *Marshall-Plans* für die Erfolge der Wirtschafts- und Währungsreform und für das deutsche Wirtschaftswunder auf. Dabei wird in der Regel an die Milliarden von Dollarbeträgen gedacht, die die USA für den Wiederaufbau Europas zur Verfügung stellten, um zusätzliche, wegen der Dollarknappheit sonst nicht finanzierbare

Einfuhren zur Produktionsbelebung zu ermöglichen und die Investitionen zu fördern. Dieser Aspekt des *Marshall-Plans* spielte jedoch für die drei Westzonen kaum eine Rolle, weil die USA ohnehin hohe Dollarbeträge zur Finanzierung von Hilfslieferungen in die besetzten Gebiete aufwendeten, die auch ohne *Marshall-Plan* zunächst weitergelaufen wären und z. T. neben der *Marshall-Plan*-Hilfe weitergelaufen sind. Dagegen profitierten die Westzonen indirekt von der *Marshall-Plan*-Hilfe an die anderen europäischen Staaten, die nunmehr höhere Importe aus Westdeutschland aufnehmen konnten, wodurch dessen Exportproduktion angeregt wurde.

Der *Marshall-Plan* war jedoch außerdem von großer mittelbarer Bedeutung für die Währungsreform, weil ohne ihn die Zustimmung Großbritanniens und Frankreichs zur Reform selbst und der mit ihr implizierten Bildung eines westdeutschen Staatswesens schwerer und nur mit zeitlicher Verzögerung erreichbar gewesen wäre. Darüber hinaus war von Bedeutung, daß Westdeutschland von Anbeginn an als selbständiger Partner in das gesamteuropäische Wiederaufbauprogramm eingebunden wurde, das vor allem eine wirtschaftliche Integration der europäischen Länder durch freien internationalen Handel und Zahlungsverkehr anstrebte und erfolgreich in Gang setzte. So wurde die Integration Westdeutschlands in die westliche Weltwirtschaft durch den *Marshall-Plan* vorprogrammiert und gefördert, was die Deregulierung im Außenwirtschaftsverkehr durch einen schnellen Abbau der Devisenzwangswirtschaft in Westdeutschland ermöglichte, ohne den das deutsche Wirtschaftswunder kaum vorstellbar gewesen wäre.

Neben den näherungsweise meßbaren Wachstumswirkungen der Währungsreform sind selbstverständlich auch deren *Verteilungswirkungen* zu erfassen, was allerdings sehr schwierig ist, weil dafür weder ausreichende Statistiken noch eindeutige Beurteilungskriterien vorliegen. Auch hier mischen sich die Wirkungen der Währungsreform mit denen der Wirtschaftsreform. Dabei können sich die Wirkungen gegenseitig kompensieren, wie etwa für einen an selbständiger Erwerbstätigkeit interessierten Besitzer eines hohen Altgeldvermögens, der als Folge des Geldschnitts durch die radikale Reduktion seines Geldvermögens benachteiligt wurde, dafür aber durch die Deregulierung den Vorteil genoß, daß sich seine Erwerbschancen wesentlich verbesserten. Bei einem unselbständig Beschäftigten konnte sich eine Kompensation für den Geldvermögensverlust z. B. dadurch ergeben, daß ihm die als Folge der Wirtschaftsreform erhöhten volkswirtschaftlichen Wachstumsraten auch höhere Reallohnsteigerungen verschafften. Deshalb dürfte es kaum möglich sein, die Verteilungswirkungen beider Reformen abzuschätzen. Selbst wenn es möglich sein sollte, bestimmte Änderungen in der Einkommens- und Vermögensverteilung in den ersten Jahren nach der Währungsreform statistisch zu ermitteln, bliebe immer noch die Frage offen, inwieweit diese Änderungen durch die Währungs- und Wirtschaftsreform verursacht wurden.

Betrachtet man auch hier allein die Währungsreform und versucht ihre Verteilungswirkungen festzustellen, so ist klar, daß der Geldschnitt erhebliche Vermögensverluste mit sich brachte, von denen die Sachwerte – soweit sie nicht durch

Krieg und Kriegsfolgen ebenfalls getroffen waren – verschont blieben. Es hätte also dem Gerechtigkeitsprinzip entsprochen, Geld- und Sachwerte möglichst gleich zu behandeln, und gerade deshalb wurde auf deutscher Seite besonderer Wert auf eine enge Verbindung der Währungsreform mit einem Lastenausgleich gelegt, wie sie im „Homburger Plan" ausgearbeitet wurde. Da es außerordentlich schwierig, wenn nicht ganz unmöglich gewesen wäre, die noch verfügbaren Sachwerte in natura gleichmäßig unter alle Geld- und Sachvermögensbesitzer aufzuteilen, kam praktisch nur eine längerfristige finanzielle Belastung der noch vorhandenen Sachwerte mit besonderen Abgaben und eine entsprechende Verrentung der Ansprüche aus Kriegs- und Währungsreformschäden in Betracht. Daß die Alliierten dafür die Verantwortung nicht übernehmen wollten, ist wohl voll und ganz verständlich.

Die Verschiebung des Lastenausgleichs führte somit zunächst zu einer Benachteiligung der Geldvermögensbesitzer und einer Begünstigung der Sachwertbesitzer, die als höchst ungerecht empfunden werden mußte, und die auch später nicht mehr beseitigt worden ist, weil in den Lastenausgleichsgesetzen – von marginalen Ausnahmen abgesehen – keine Ansprüche aus Währungsreformschäden vorgesehen wurden. So läßt sich die Vermutung begründen, daß die Währungsreform zumindest eine Chance vertan hat, die Vermögens- und Einkommensverteilung gleichmäßiger zu gestalten. Wie bereits erwähnt, war mit diesem Verzicht auf größere Verteilungsgerechtigkeit jedoch ein Effizienzgewinn in Form höherer volkswirtschaftlicher Wachstumsraten verbunden.

Literaturhinweis

Vgl. die in den vorstehenden Anmerkungen angegebenen Titel; dazu die nach meiner Kenntnis umfassendste rein deskriptive Darstellung der deutschen Währungsverhältnisse von *Herbert Rittmann,* Deutsche Geldgeschichte seit 1914, München 1986. Sie reicht bis zur Gegenwart und berücksichtigt auch die DDR.

EXKURS

Geldüberhang, gesetzliche Geldschöpfung und Umstellungsrechung des Bankensystems[17]

1. Zu den Begriffen Geldüberhang und Geldvolumen

Von einem „Geldüberhang" spricht man, wenn die Wirtschaftssubjekte (private Haushaltungen, Unternehmen und öffentliche Stellen, zusammengefaßt als Nichtbanken bezeichnet) die Geldmenge, über die sie aus ihrem Einkommen und Vermögen verfügen und gegenwärtig zum Kauf von Gütern und Diensten zu verfügen wünschen, auf den Märkten nicht verausgaben können, weil das Güterangebot nicht ausreicht und die Güterpreise staatlich fixiert sind. Da ohne staatlichen Preisstopp das Preisniveau ansteigen und eine entsprechende Geldentwertung anzeigen würde, stellt „Geldüberhang" eine Begleiterscheinung einer „versteckten" oder „zurückgestauten" Inflation dar. Die Geldmenge (das Geldvolumen) in den Händen der Nichtbanken wird üblicherweise in drei Abgrenzungen gemessen und statistisch erfaßt: Zu ihr gehört immer der gesamte Bargeldumlauf; die engste Abgrenzung M 1 umfaßt darüber hinaus nur die (jederzeit verfügbaren) Sichtguthaben bei Kreditinstituten (Banken, Sparkassen, Genossenschaften); die weiteste Abgrenzung M 3 schließt dagegen alle Einlagen bei Kreditinstituten (auch Termin- und Spareinlagen) ein. Über dieses Geldvolumen M 3 können die Wirtschaftssubjekte (gegebenenfalls mit gewissen zeitlichen Verzögerungen oder geringen Abschlägen bei Termin- und Spareinlagen) zum Nennwert verfügen, im Gegensatz zu festverzinslichen Schuldverschreibungen, die einem unter Umständen erheblichen Kursrisiko unterliegen.

Bei freier Preisbildung auf den Märkten wird der reale Wert des Geldvolumens im Sinne von beschaffbaren Gütermengen ständig so verändert, daß dieses in der Tendenz den Wünschen der Wirtschaftssubjekte entspricht und ein Geldüberhang nicht entstehen kann. Welcher Teil des nominellen Geldvolumens zu einem bestimmten Stichtag bei staatlicher Fixierung des Preisniveaus als Geldüberhang zu betrachten wäre, läßt sich nicht genau ermitteln. Dazu müßte man wissen: entweder, wie hoch das (fiktive) von den Wirtschaftssubjekten gewünschte Geldvolumen sein würde, wenn das staatlich fixierte Preissystem „marktgerecht" wäre (also Angebot und Nachfrage auf den Märkten zum Ausgleich brächte); oder, um welchen Betrag der reale Wert des gegebenen Geldvolumens hinter dem des Nennwertes zurückbliebe, wenn die staatlich fixierten Preise auf ihr (fiktives) marktgerechtes Niveau erhöht würden. Trotzdem kann es keinen Zweifel darüber geben, daß das Phänomen „Geldüberhang" existiert und daß sich auch gewisse Anhaltspunkte über seinen Umfang gewinnen lassen. Dabei bildet das insgesamt vorhandene Geldvolumen einen wichtigen Anknüpfungspunkt, weil es konzeptionell eine Obergrenze für den Geldüberhang darstellt.

---

17 Die Ergebnisse der Währungsumstellung in Westberlin sind im Exkurs nicht berücksichtigt.

2. RM-Geldvolumen und Geldüberhang im Deutschen Reich am Ende des Zweiten Weltkriegs[18]

Zum 31. 12. 1944 wurde das RM-Geldvolumen (im Sinne von M 3) letztmalig einigermaßen vollständig erfaßt und belief sich auf fast 250 Mrd. RM, wovon gut 53 Mrd. RM auf den Bargeldumlauf und 196 Mrd. RM auf Sicht-, Termin- und Spareinlagen bei Kreditinstituten (einschließlich der Reichsbank) entfielen. Für die Monate bis zur Kapitulation liegen lediglich Schätzungen über den Bargeldumlauf vor, der in den drei Monaten bis zum 31. 03. 1945 – wohl relativ gut fundiert geschätzt – um 6 Mrd. RM auf 59 Mrd. RM und in den Wochen danach bis zur Kapitulation nochmals um – nur grob geschätzt – 14 Mrd. RM (auf 73 Mrd. RM) zugenommen hat. Geht man vom Stand des Geldvolumens am Ende des letzten vollen Kriegsjahres (1944) aus, so hat sich dieses gegenüber dem letzten vollen Friedensjahr (1938) mit gut 53 Mrd. RM (davon gut 10 Mrd. RM Bargeld und 43 Mrd. RM Einlagen bei Kreditinstituten) fast verfünffacht.

Diese Aufblähung des Geldvolumens war die Folge des Krieges und teilweise auch der Art seiner Finanzierung. Die Kriegsführung erforderte immense Staatsausgaben, die sich das Reich mehr und mehr im Wege der Verschuldung beschaffte. Um die Stimmung der Bevölkerung nicht zu belasten, wurde auf eine Erhöhung der Steuersätze und somit auf eine entsprechende Reduktion der laufenden Geldvolumenzunahme verzichtet. Die Reichsverschuldung erhöhte sich infolgedessen im Rechnungsjahr 1944/45 gegenüber dem letzten vollen Friedensjahr 1938/39 um rd. 350 Mrd. RM und belief sich am 31. 03. 45 auf insgesamt 380 Mrd. RM. Die zusätzliche Reichsschuld wurde nur zu etwa ⅓ durch Begebung langfristiger Schuldtitel aufgenommen; von den restlichen ⅔ (= rd. 233 Mrd. RM) entfiel dagegen der weitaus größte Teil auf kurz- und mittelfristige Kredite, die bei den Kreditinstituten (einschl. Reichsbank) in Anspruch genommen wurden. So erhöhten sich deren Forderungen gegen das Reich von Ende 1938 bis Ende 1944 um gut 193 Mrd. RM (von gut 20 Mrd. auf fast 214 Mrd. RM). Dem entsprach auf der Passivseite der Bilanz des Bankensystems die oben erwähnte Zunahme des Geldvolumens von 53 Mrd. RM auf fast 250 Mrd. RM. Das Geldvolumen – und damit auch der Geldüberhang – wären geringer gewesen, wenn die nicht über das Bankensystem finanzierte Erhöhung der Reichsschuld – etwa durch Unterbringung von längerfristigen Reichsanleihen direkt beim Publikum – größer ausgefallen wäre.

Anhaltspunkte für die Größenordnung des Geldüberhangs lassen sich mit Hilfe nachfolgender Überlegungen gewinnen. Betrachtet man zunächst die Geldversorgung des Jahres 1938 als „normal" und somit als Basis, so wäre das Geldvolumen

18 Die statistischen Daten für den Exkurs sind der von der Deutschen Bundesbank für ihre Jubiläumsschrift zusammengestellten Veröffentlichung „Deutsches Geld- und Bankwesen 1876–1975", Frankfurt/M. 1975, entnommen; die Indexziffern für die Industrieproduktion stammen aus den „Economic Surveys for Europe", 1948ff., die von den Vereinten Nationen herausgegeben wurden.

dieses Jahres von 53 Mrd. RM in den sechs Jahren bis Ende 1944 bei Unterstellung einer jährlichen Wachstumsrate von 10 % auf gut 93 Mrd. RM gestiegen, bei Berücksichtigung der in diesem Zeitraum eingetretenen Erhöhung des Verbraucherpreisniveaus von gut 12% sogar auf rund 105 Mrd. RM, was „nur" auf eine Verdoppelung des Geldvolumens hinausgelaufen wäre. Dieser Ansatz liefert jedoch lediglich eine gewisse Vorstellung über die Größenordnung „normaler" wirtschaftlicher Wachstumseffekte auf das Geldvolumen, wobei es keine große Rolle spielt, ob man die zur Erleichterung der Rechnung unterstellten realen Wachstumsraten von 10 % für zu hoch (wegen der kriegsbedingten Produktionserschwernisse) oder gar für zu niedrig (wegen der besonderen Anstrengungen zur Erhöhung der Effizienz der Kriegsproduktion) einschätzt.

Von entscheidender Bedeutung ist vielmehr, daß die mit der Zunahme der Reichsverschuldung (um mindestens 350 Mrd. RM) verbundene Geld- und Kreditschöpfung ohne jegliche Kompensation auf der Güterseite erfolgte. Die durch sie finanzierte Produktion von Gütern und Leistungen aller Art wurde während des Krieges zur Aufrechterhaltung eines stark reduzierten Konsums der Bevölkerung verbraucht, aber vor allem wurde sie für die aktuelle Kriegsführung „verpulvert". Die mit der Produktion entstehenden Einkommen konnten von den Empfängern nicht sinnvoll verausgabt werden, so daß sich zwangsläufig Ersparnisse bildeten, die nicht für künftige produktive Zwecke investiert werden durften, sondern unmittelbar für die Kriegsführung verwendet wurden und de facto untergingen. Dagegen blieben die finanziellen Ansprüche aus diesen Ersparnisssen erhalten und vergrößerten die Finanzvermögen der Wirtschaftssubjekte in Form des RM-Geldvolumens und von direkt gegen das Reich gerichteten Forderungen.

Auf Grund dieser Überlegung kann man also nahezu das gesamte während des Krieges akkumulierte RM-Geldvolumen von rd. 200 Mrd. RM als Geldüberhang klassifizieren, ja man kann sogar einen Teil des gesamtwirtschaftlich voll gedeckten Geldvolumens von 1938 dem Geldüberhang zuschlagen, weil im Krieg teilweise auf das schon vor Kriegsbeginn vorhandene Sachkapital (durch Auflösung von Lagervorräten und Unterlassen von Ersatzinvestitionen) zurückgegriffen wurde, um die Menge der verfügbaren Güter über die laufende Produktion hinaus zu vergrößern.

Ein Geldüberhang, also ein in Relation zu anderen volkswirtschaftlichen Größen zu großes Geldvolumen, wird erst dann zu einem wirtschaftlich fühlbaren Problem, wenn von ihm unerwünschte Einflüsse auf die Dispositionen der Wirtschaftssubjekte ausgehen. Bei freier Preisbildung würde ein zu großes Geldvolumen erst dadurch virulent werden, daß es zu kaufkräftiger Nachfrage wird und inflatorische Prozesse auslöst. Bei staatlichem Preisstopp und gegebenenfalls darüber hinaus staatlich reglementierter Wirtschaft würde ein Geldüberhang – und nur für solche Fälle sollte dieser Begriff verwendet werden – in der Weise spürbar werden, daß die Wirtschaftssubjekte die staatliche Wirtschaftslenkung umgehen, durchlöchern und so die ohnehin mit ihr verbundenen Ineffizienzen verstärken. Während des Krieges mag der ständig zunehmende Geldüberhang zunächst kaum sehr virulent gewesen sein, weil die Illusion weit verbreitet war, es handle sich um nach Beendigung des Krieges einlösbare Ansprüche. Als dann diese Illusion langsam verloren ging, wurde auch der durch die jahrelange Konsumrationierung aufgestaute und durch Kriegseinwirkungen zusätzlich entstandene Individualbedarf immer dringender, so daß sich der Geldüberhang durch die Bereitschaft zum Rückgriff auf alte Ersparnisse vergrößerte und seine Virulenz zunahm. Selbstverständlich muß schließlich berücksichtigt werden, daß das nach der Kapitulation sehr niedrige Niveau der laufenden Produktion von der Angebotsseite her den Geldüberhang vergrößerte.

3. Geldvolumen und Geldüberhang in den drei Westzonen vor und nach der Währungsreform

a) Für die Beurteilung der westdeutschen Währungsreform liefert der Geldüberhang im Deutschen Reich Ende 1944 oder im Mai 1945 nur einen allgemeinen Rahmen. Vielmehr kommt es auf den Geldüberhang in den drei Westzonen kurz vor der Währungsreform – also drei Jahre nach der Kapitulation – an. Wie sich das Geldvolumen auf die Besatzungszonen verteilte und in diesen drei Jahren entwickelt hat, ist nicht bekannt. Einigermaßen verläßliche statistische Unterlagen liegen nicht vor und können wohl auch nicht vorliegen, weil die RM-Währung noch in allen vier Besatzungszonen galt, eine zentrale Verwaltung für die RM-Währung jedoch nicht bestand, da die früher dafür zuständige Reichsbank ihre Tätigkeit nach der Kapitulation einstellen mußte. Lediglich im amerikanischen *Colm-Dodge-Goldsmith*-Währungsreformplan vom Mai 1946 und insbesondere in seinen Anhängen finden sich aufschlußreiche Schätzungen über den monetären Sektor in den vier Besatzungszonen, die jedoch nur das erste Jahr nach der Kapitulation betreffen.

Dagegen liegen einige statistische Daten über die Durchführung der Währungsreform vor, die es erlauben, nachträglich das von der in den drei Westzonen ansässigen Bevölkerung bei den Geldinstituten dieses Gebiets gehaltene Geldvolumen zu rekonstruieren und so auch einen guten Anhaltspunkt für die Beurteilung des Geldüberhangs zu gewinnen. In Verbindung damit sollen die makroökonomischen Ergebnisse der mit den Währungsgesetzen vollzogenen gesetzlichen DM-Geldschöpfung dargestellt werden, durch die ein „marktgerechtes" DM-Geldvolumen am Stichtag der Währungsreform als Ausgangsbasis für die weitere Entwicklung geschaffen werden sollte.

b) Das sich aus den Währungsgesetzen am Stichtag der Währungsreform (20. 6. 48) ergebende RM-Geldvolumen in den drei Westzonen belief sich auf 144,5 Mrd. RM und war damit um ca. 105,5 Mrd. RM niedriger als das für das Deutsche Reich Ende 1944 ermittelte Geldvolumen von rd. 250 Mrd. RM. Ein Vergleich der Zusammensetzung der beiden Geldvolumina ergibt folgendes Bild:

	Deutsches Reich Ende 1944	3 Westzonen am 20. 6. 48	in v. H.
Bargeldumlauf	53	ca. 20	37,73
Sicht-/Termineinlagen	80	53,4	66,75
Spareinlagen	117	71,1	60,77
	250	144,5	57,8

Geht man von dem amtlich ermittelten Anteil der drei Westzonen am Sozialprodukt des Jahres 1938 für das Deutsche Reich in Höhe von rund 59% aus, so erscheint die Verhältniszahl von 57,8% zwischen den Geldvolumina der drei Westzonen 1948 und des Deutschen Reiches nicht unplausibel. Allerdings muß man dabei beachten, daß das Geldvolumen des Deutschen Reiches bis zur Kapitulation 1945 um mindestens 20 Mrd. RM (die Zunahme des RM-Bargeldumlaufes) angewachsen ist, nach der Kapitulation sodann durch die Ausgabe von den RM-Noten gleichgestellten Militärmarknoten (zeitweise bis zu 12 Mrd. RM) nochmals erweitert wurde und schließlich möglicherweise auch unbekannte RM-Beträge aus den aufgefundenen Vorräten der Reichsbank nachträglich in Umlauf gebracht worden sind. Davon abzuziehen wären die zwar unbekannten, aber sicherlich hohen RM-Bestände, die in den Kriegswirren untergegangen sind oder in den ehemals von deutschen Truppen besetzten Gebieten konfisziert wurden.

Die Verhältniszahl von rund 61% zwischen den Spareinlagen in den drei Westzonen 1948 und denen des Deutschen Reiches 1944 ist nur geringfügig höher als der entsprechende Sozialproduktanteil für 1938, was nicht unrealistisch erscheint, weil bei den Spareinlagen seit Ende 1944 keine gravierenden Veränderungen eingetreten sein dürften.

Dagegen ist die Angabe für den Bargeldumlauf in den drei Westzonen 1948 vergleichsweise sehr niedrig, selbst wenn man sie um (grob geschätzt) 2,5 Mrd. RM erhöhen muß, weil die im Umlauf gebliebenen Münzen und Kleingeldzeichen nicht erfaßt sind und RM-Bargeldbestände von ihren Besitzern nicht angemeldet wurden, um so der vorgeschriebenen finanzamtlichen Überprüfung zu entgehen. Die relativ niedrige westdeutsche RM-Bargeldmenge 1948 dürfte sich daraus erklären, daß ein Teil des im letzten Kriegsjahr stark erhöhten Bargeldumlaufs im Zuge der sich verbessernden Verhältnisse wieder zu den Banken zurückströmte und auf Girokonten gutgeschrieben wurde. Dafür spricht, daß die Bilanz des Bankensystems in den drei Westzonen bereits im März 1948 – also unbeeinflußt von der Währungsreform – Barbestände von über 20 Mrd. RM als Aktiva verbucht hatte, so daß in den drei Westzonen insgesamt mindestens 40 Mrd. RM Banknoten erfaßt und vernichtet wurden. Da dieser Rückfluß von Bargeld in das Bankensystem sich in den Westzonen vermutlich stärker als in den anderen Gebieten des Deutschen Reiches ausgewirkt hat, wird damit auch erklärt, weshalb die bei der Währungsreform 1948 erfaßten Sicht- und Termineinlagen einen vergleichsweise hohen Prozentsatz von fast 67% ausmachten.

Man kann somit von einem RM-Geldvolumen in den drei Westzonen bei der Währungsreform in Höhe von 147 Mrd. RM ausgehen. Versucht man nun das damals als einigermaßen „normal“ anzusehende Geldvolumen zu ermitteln, bietet sich folgende grobe Kalkulation an: 1938 belief sich das Geldvolumen im Deutschen Reich auf 53 Mrd. RM bei einem Sozialprodukt von rund 100 Mrd. RM, von denen nach amtlichen Schätzungen 59,2 Mrd. RM auf die drei Westzonen entfielen. Auf Grund der in den einschlägigen UN-Statistiken angegebenen Indexziffern für die Industrieproduktion in den Westzonen (für 1947/48 auf der Basis von 1938: 40–45%) läßt sich das Sozialprodukt Westdeutschlands im Jahr vor der Währungsreform auf 25–27 Mrd. RM schätzen, dem bei Anwendung des Prozentsatzes für das Deutsche Reich 1938 in Höhe von 53% ein „normales“ Geldvolumen von 13–14,5 Mrd. RM entsprochen hätte. Der Geldüberhang wäre dann mit 132,5–134 Mrd. RM (90–91% des Geldvolumens) zu beziffern.

Wie gleich gezeigt werden wird, wurden durch die Währungsreform tatsächlich 13,2 Mrd. DM geschaffen. Wegen der vielen Unsicherheiten, mit denen die bei dieser Kalkulation verwendeten Zahlen behaftet sind, ist die nahezu vollständige Übereinstimmung der Schätzung eines normalen Geldvolumens für das westdeutsche Sozialprodukt des Jahres vor der Währungsreform mit dem Ergebnis der gesetzlichen DM-Geldschöpfung durch die Reform selbst sicher zufallsbedingt. Trotzdem ist die Übereinstimmung in den Größenordnungen erstaunlich. Es muß hier offen bleiben, inwieweit dies für die Planung des mit der Währungsreform bewirkten Geldschnittes eine Rolle gespielt haben könnte.

c) Das mit der Währungsreform gesetzlich geschaffene Geldvolumen von 13,2 Mrd. DM belief sich auf 9,1% des erfaßten RM-Geldvolumens. Der Durchschnittssatz von 9,1% ergibt sich aus einer Erstausstattung der öffentlichen Stellen (einschl. Militärregierungen) in Höhe von 3,5 Mrd. DM (14,05%) ihrer Altgeldguthaben von 24,9 Mrd. RM sowie einer DM-Geldschöpfung zugunsten von Privaten und Unternehmen in Höhe von 9,7 Mrd. DM (8,11% ihrer Altguthaben von 119,6 Mrd. RM). Bemerkenswert ist, daß von diesen 9,7 Mrd. DM auf Spareinlagen nur 3,6 Mrd. DM (bei Altguthaben von 68,9 Mrd. RM) entfielen, so daß der Umwandlungssatz mit 5,22% unter dem gesetzlich allgemein vorgeschriebenen Umwandlungssatz von 6,5% zu liegen kommt. Dies ist darauf zurückzuführen, daß offenbar eine größere Zahl von Personen nicht über die für die Anrechnung der Kopfbeträge notwendigen Sichtguthaben verfügten und dann – wenn Sparguthaben vorhanden waren – auf diese zurückgegriffen werden mußte und sie insoweit „verbraucht“ wurden.

d) Interessant ist schließlich, inwieweit im Zuge der Bankensanierung die de jure völlig untergegangenen RM-Forderungen gegen das Deutsche Reich in Gestalt von DM-Ausgleichsforderungen gegen die öffentlichen Hände de facto wieder aufleben. Dies läßt sich aus der gesetzlich vorgeschriebenen Umstellungsrechnung für alle Geldinstitute ersehen, die für das Bankensystem insgesamt (einschl. Zentralbanksystem) folgendes Bild aufweist:

Aggregierte (nicht konsolidierte) Umstellungsrechnung für das Bankensystem (Stichtage 20./21. 6. 1948; jeweils in Milliarden):

AKTIVA	RM	DM	RM	DM	PASSIVA
Forderungen an Kreditinstitute	100,7	–	94,5	–	Verbindlichkeiten gegenüber Kreditinstituten
Forderungen der Kreditinstitute an Zentralbanksystem		1,9		1,9	Verbindlichkeiten der Zentralbank gegenüber Kreditinstituten
Diverse Aktiva	25,3	2,7	9,4	1,9	Diverse Passiva
Forderungen an Stellen des Reiches	140,3	–	11,3	1,1	Bankschuldverschreibungen im Umlauf
DM-Bilanz Fehlbetrag gedeckt durch Ausgleichsforderungen gegen öffentl. Hände (nicht handelbar u. meist 3% verzinsl.)		14,8			Kundeneinlagen:
			24,9	3,6	v. öffentl. Händen
			119,6	9,7	v. Priv. u. Untern.
			(68,9)	(3,6)	davon Spareinlagen
			6,6	1,2	Eigenkapital
Summe	266,3	19,4	266,3	19,4	

Wie aus den Bilanzen ersichtlich wird, sind Forderungen gegen das Reich, Reichsbank und Stellen des Reiches von rund 140 Mrd. Reichsmark erloschen und dem Bankensystem gleichzeitig 14,8 Mrd. DM (=10,5%) Ausgleichsforderungen gegen die neuen Gebietskörperschaften in den drei Westzonen zugewiesen worden. De facto galt also für die RM-Forderungen gegen das Reich etwa der gleiche Umstellungssatz wie für die generelle Schuldenregelung (Abwertung auf 10%). Da sich der Gesamtbetrag der Ausgleichsforderungen aus der Schließung der Bilanzlücken für jedes einzelne Kreditinstitut ergibt, weichen die (fiktiven) Umstellungssätze für die einzelnen Institute erheblich vom Durchschnittssatz ab.

Karl Schiller

Wirtschaftspolitische Konsequenzen der Währungsreform

Das Thema verlangt vor allem, die wirtschaftspolitische Entwicklung in den ersten Jahren nach 1948 darzustellen. Dies ist ein im wesentlichen positives Bild, ein Bild, das bekanntlich vielfach mit dem Namen „Wirtschaftswunder" versehen wurde. Die späteren Jahre, etwa nach 1960, als alles komplizierter wurde oder komplizierter erschien, bleiben also im wesentlichen außerhalb der Betrachtung. Noch mehr fehlt hier die allerneueste Entwicklung, in der Bücher geschrieben werden, die mehr von einem „fading miracle" handeln. Aber vielleicht ist es ganz gut, heute in eine Zeit zurückzublicken, in der wir sehr arm waren, aber in der die Schmerzgrenze der Menschen sehr viel höher lag als heute.

Die Währungsreform von 1948 war eine alliierte Maßnahme, sie wurde von deutscher Seite (insbes. *Ludwig Erhard* ist zu nennen) unterstützt, und es wurde ihr auch von deutschen Sachverständigen einiger Rat zuteil.[1] Die wirtschaftspolitischen Konsequenzen zu ziehen, war allerdings weit mehr – trotz aller zuerst noch bestehenden alliierten Kontrollen – eine *deutsche Aufgabe*. Immerhin gab es einen „Wirtschaftsrat" und eine „Verwaltung für Wirtschaft" für die Bizone.

Diese hatte am 28. Januar 1948 (noch unter *Johannes Semler)* einen Wissenschaftlichen Beirat ins Leben gerufen und ihm sogleich eine wirtschaftspolitische Grundfrage gestellt.

Das Leitsätzegesetz

Am 18. April legte der Beirat daraufhin sein erstes Gutachten vor: „Maßnahmen der Verbrauchsregelung, der Bewirtschaftung und der Preispolitik nach der Währungsreform." Mehrheit und Minderheit (die für ein behutsames Verfahren in der Aufhebung der Bewirtschaftung eintrat) waren gemeinsam der Auffassung: „Durch die Währungsreform wird die wirksame Nachfrage so beschränkt, daß eine totale Verbrauchsregelung und Zwangsbewirtschaftung gegenstandslos wird." Beide plädierten dafür, „daß die Funktion des Preises, den volkswirtschaftlichen Prozeß zu steuern, in möglichst weitem Umfang zur Geltung kommen soll." *Erhards* markwirtschaftliche Einstellung – er war seit 2. März Direktor der Verwaltung für Wirtschaft – bekam dadurch eine starke Unterstützung.

---

1 Vgl. die Beiträge *Wandel,* S. 43ff. und *Möller,* S. 56ff. und 63ff.

Die erste politische Leistung *Erhards* bestand vor allem darin, daß er das „Gesetz über Leitsätze für die Bewirtschaftung und Preispolitik nach der Geldreform vom 24. Juni 1948“ im Wirtschaftsrat durchbrachte gegen alle Widerstände, auch bei einigen Alliierten, bei der parlamentarischen Opposition und in den eigenen Reihen.[2] Lapidar hieß es in der Begründung des Gesetzes: „Aus dem Zusammenbruch der Kriegswirtschaft hat sich ein Zustand ergeben, der die wirtschaftlichen Energien gelähmt, sie in eine dem Gemeinwohl schädliche Richtung gelenkt und zu großen sozialen Ungerechtigkeiten geführt hat. Die Geldreform soll diese unheilvolle Entwicklung überwinden helfen, indem sie die natürliche Beziehung zwischen Leistung und Gegenleistung wiederherstellt, damit den Bezieher von Arbeitseinkommen zum bevorzugten Käufer macht und so die Voraussetzungen für eine Steigerung der Arbeitsleistung und der Produktion schafft.“ Das war die „Soziale Marktwirtschaft“ in der Nußschale und im *Erhardschen* Stile! Entsprechend lautete es dann im Amtsdeutsch der eigentlichen „Leitsätze“: „Der Freigabe aus der Bewirtschaftung ist vor ihrer Beibehaltung der Vorzug zu geben. Der Freigabe der Preise ist vor der behördlichen Festsetzung der Vorzug zu geben.“ Tatsächlich erfolgten die einzelnen Freigaben nicht so schlagartig. Grundnahrungsmittel, Agrarprodukte und die meisten Rohstoffe verblieben zunächst unter Bewirtschaftung und Preisbindung. Für manche Konsumgüter wurde erstmals nur die Preisbindung, nicht auch die Bewirtschaftung aufgehoben – die Auffassung auch der Minderheit im Wissenschaftlichen Beirat war wohl nicht ohne Wirkung geblieben. Aber die Schneise für den Weg in die Marktwirtschaft war geschlagen; die einzelnen Freigaben erfolgten anschließend in „wohl dosierter“ Weise *(Hans Möller)*. Im übrigen gab das Gesetz der Verwaltung für Wirtschaft breite Vollmachten; es war schon eine Art Ermächtigungsgesetz. Aber der Erfolg war Voraussetzung für weitere Erfolge. Nur konsequent war es, daß der Lohnstopp, der seit 1938 (!) bestanden hatte, was oft vergessen wird, durch Gesetz des Wirtschaftsrates vom 3. November 1948 aufgehoben wurde. Die westdeutsche Gesellschaft konnte also ihre Bahn in die Wirtschaftswunderrepublik aufnehmen.

Spannungen und Bewährungsproben

Die weitere Entwicklung ergab sich jedoch nicht automatisch. Vielmehr mußten Spannungen und Bewährungsproben durchgestanden werden. Ich kann das nun folgende Auf und Ab, das im Trend immer nach oben wies, hier nicht im einzelnen darlegen. Nur ein paar wesentliche wirtschaftspolitische Herausforderungen seien erwähnt:

Aus Protest gegen die neue Wirtschaftspolitik hatten die Gewerkschaften für den

2 Jedoch wurde das Gesetz im Länderrat *einstimmig*, d. h. auch mit den Stimmen der sozialdemokratischen Ländervertreter, angenommen. Die Abgeordneten der SPD im Wirtschaftsrat waren emotional anders gestimmt als die mehr pragmatisch orientierten Mitglieder der SPD-Länderregierungen. Dies war später auch im Bundesrat im Verhältnis zum Bundestag der Fall.

12. November 1948 eine 24stündige Arbeitsruhe, also einen Generalstreik, angeordnet.

Erhard schrieb später: „In nahezu allen Schreibtischschubladen der Verwaltung für Wirtschaft . . . lagen insgeheim Neufassungen der eben erst aufgehobenen Verordnungen griffbereit. Das Amt selbst war allenthalben an der Richtigkeit der Thesen seines Chefs *irre geworden.*“[3] Der gewerkschaftliche Protest schien nicht unbegründet zu sein; denn die Preise waren zunächst davongelaufen. Allein von Juni bis Dezember 1948 stieg der Index industrieller Erzeugerpreise um über 14 Prozent, der der Bekleidungspreise um 35, der Index für Ernährungspreise um 18 Prozent. Trotzdem widersetzte sich *Erhard* den Forderungen nach Wiedereinführung der Preisstopps. Er verwies auf den großen Nachholbedarf bei Textilien, die Erhöhung der Importpreise und den Wegfall binnenwirtschaftlicher Subventionen. Seine Prognose war, „daß wir bald in eine Phase eintreten, in der über den Wettbewerb die Preise wieder auf das richtige Maß zurückgeführt werden“.[4] Tatsächlich sank das Preisniveau, das insgesamt bis Ende 1948 um 15 Prozent angestiegen war, dann bis Mitte 1950 wieder auf den Ausgangspunkt vom Sommer 1948.[5]

Sehr schnell aber ergab sich eine neue Bewährungsprobe – die Korea-Krise.[6] Der Preisindex für die Lebenshaltung zeigte für 1951 den größten Jahresanstieg, nämlich um 7,8 Prozent. Das Ganze begann mit einer Zahlungsbilanzkrise, die im Herbst 1950 duch die rapide Verschlechterung der deutschen Handelsbilanz ausgelöst wurde. Die Bundesrepublik hatte bei der Einfuhrliberalisierung eine gewisse Vorreiterrolle übernommen und im September 1950 die Liberalisierung auf rund zwei Drittel aller Einfuhrpositionen erweitert. Nun entstand ein erheblicher Einfuhrsog. Die Bundesrepublik mußte einen Sonderkredit bei der „Europäischen Zahlungsunion“ in Anspruch nehmen. Und die „Bank deutscher Länder“ verfügte eine sehr restriktive Kreditpolitik. Im Februar 1951 mußte die Bundesregierung eine vorübergehende Suspendierung der Liberalisierungsmaßnahmen beschließen.[7]

Ab April/Mai 1951 zeigten sich wieder Überschüsse in unserer Handelsbilanz. Die Reliberalisierung wurde zum 1. Januar 1952 eingeleitet. Die kreditpolitischen Zügel wurden ab Ende 1951 wieder gelockert. Inzwischen hatte sich das deutsche Exportwunder entfaltet (Zunahme der Ausfuhr 1951 real um 50 Prozent). Die

3 *Ludwig Erhard,* Wohlstand für alle, Düsseldorf 1957, S. 25.

4 *Ludwig Erhard,* Deutsche Wirtschaftspolitik, Düsseldorf/Wien 1962, S. 78.

5 Der Jahresindex für die Lebenshaltungskosten zeigte für 1950 eine Veränderung um *minus* 6,4 Prozent.

6 Der Korea-Krieg war am 25. Juni 1950 begonnen worden. Er fand am 23. Juni 1953 durch Waffenstillstand sein Ende.

7 Ein Beispiel für die Schwierigkeiten dieses Jahres stellt auch der Vorschlag des Gemeinschaftsausschusses der deutschen Wirtschaft dar, der auf eine Umlenkung von Investitionsmitteln aus dem Bereich der verarbeitenden Industrien zu den Grundstoffindustrien abzielte. Er fand einen Niederschlag in dem „Gesetz über die Investitionshilfe der gewerblichen Wirtschaft“ (Jan. 1952).

D-Mark war, als sie zum ersten Mal auf dem internationalen Parkett in der Europäischen Zahlungsunion auftrat, eine ausgesprochen schwache Währung gewesen.[8] Schon wenige Monate nach dem Höhepunkt der Korea-Krise aber kam der Umschwung, „und die Bundesrepublik schaffte die Wende vom Defizitland zum Überschußland Europas in geradezu atemberaubender Geschwindigkeit".[9] Das Ganze war nur möglich

1. durch die Wiederherstellung des inneren Wirtschaftsgleichgewichts zwischen Nachfrage und Angebot,
2. durch eine erstaunliche innere Preisberuhigung ab 1952,
3. durch eine Finanzpolitik, die nicht nur ein Gleichgewicht, sondern zeitweilig auch Überschüsse erzielte,

und das Ganze bei gutem Wirtschaftswachstum (1951: 9,4%, 1952: 9,0%, 1953: 8,5%, 1954: 7,1%, 1955: 11,8%; jeweils reales BSP). Man kann zusammenfassen: Die marktwirtschaftliche Ordnung und Politik gingen gestärkt aus der Korea-Krise hervor. Politisch war sie für *Erhard* die schwerste Bewährungsprobe.[10]

Ein anderes, nicht minder schweres Problem für die Wirtschaftspolitik nach der Währungsreform war die Lage auf dem Arbeitsmarkt. Aus der versteckten Arbeitslosigkeit der zurückgestauten Inflation, also einer Schein-Vollbeschäftigung, wurde nun zwangsläufig eine *offene Arbeitslosigkeit:* Ende 1948: 760000, Ende 1949: 1,56 Millionen, im Jahresdurchschnitt 1950: 1,87 Millionen Arbeitslose bei einer Arbeitslosenquote von 11 Prozent. Neben dem Freisetzungseffekt durch die Währungsreform war die Ursache für die hohen Arbeitslosenziffern die rasche und erhebliche Zunahme der Zahl der Arbeitswilligen. Der Druck in Richtung auf größere staatliche Aktionen zur Bekämpfung der Arbeitslosigkeit wurde naturgemäß stärker. Man begnügte sich jedoch tatsächlich mit geld- und kreditpolitischen Erleichterungen (1949) und einigen Finanzierungshilfen für Arbeitsbeschaffung und Wohnungsbau. Diese blieben aber Randerscheinungen der Wirtschaftspolitik. Alles in allen wurden 3,4 Mrd. DM für Arbeitsbeschaffung und Wohnungsbau zur Verfügung gestellt.[11] In Wahrheit überließ man die Mehrbeschäftigung von Arbeitskräften dem natürlichen Aufbau- und Entwicklungsprozeß. Von 1951 ab fiel die Zahl der Arbeitslosen von Jahr zu Jahr. 1960 wurde die Vollbeschäftigung erreicht (Quote der Arbeitslosen: 2,6 Prozent).[12]

---

8 Der Wechselkurs war im übrigen schon im September 1949 von 3,33 auf 4,20 DM je US-Dollar abgewertet worden.

9 *Otmar Emminger,* Ordnungs- und währungspolitische Probleme, in: *Ludwig-Erhard-Stiftung,* Die Korea-Krise als ordnungspolitische Herausforderung der deutschen Wirtschaftspolitik, Stuttgart/New York 1986; S. 13ff., insbes. S. 16 und S. 30.

10 Vgl. *Ludwig-Erhard-Stiftung,* S. 341 ff.: Brief *Konrad Adenauers* an *Ludwig Erhard* vom 19. 3. 1951 sowie Brief *Ludwig Erhards* an *Konrad Adenauer,* ebenfalls vom 19. 3. 1951.

11 *Ludwig Erhard,* Wohlstand für alle, S. 46.

12 Sie dauerte mit einigen Schwankungen bis Mitte der 70er Jahre. Von den 40 Jahren, auf die wir jetzt zurückblicken, waren also 15 Jahre durch Vollbeschäftigung ausgezeichnet.

Übrige wirtschaftspolitische Maßnahmen

Ich habe bisher einige der wirtschaftspolitischen Konsequenzen, wie sie tatsächlich aus der Währungsreform gezogen wurden, etwas ausführlicher beschrieben. Hinzu kamen noch (kurz gefaßt): „Die Etablierung eines Steuersystems, das den dynamischen Kräften freie Bahn gab, die Sicherung eines freien Wettbewerbs durch die Kartellgesetzgebung (1957),[13] Ausbau der sozialen Sicherung durch ein Rentensystem, das die Leistungen an die Alten und Invaliden an die allgemeine Wohlstandssteigerung band (im gleichen Jahr), und konsequente Liberalisierung des internationalen Handels."[14] Soweit Probleme der konjunkturellen Übersteigerungen gegeben waren, wurde gerade auch das Mittel der Beschleunigung der Einfuhrliberalisierung eingesetzt. 1958 erreichte die DM schon ihre volle Konvertibilität. Das alles wurde noch unterstützt durch eine im ganzen maßvolle Lohngestaltung „von der Art, daß die Produktivitätssteigerung eher in der Führungsrolle blieb, die Reallohnentwicklung ihr folgte. . . Der rasante Produktivitätsfortschritt erlaubte sogar stabilitätskonforme Reallohnsteigerungen, die für die Menschen ans Wunderbare grenzten."[15]

Anfang der sechziger Jahre lief der Zeitraum der wirtschaftlichen Entwicklung, der durch die Währungsreform und die damit verbundene Wirtschaftspolitik geprägt war, langsam aus. Nun kamen andere Themen auf. *Müller-Armack* hatte schon 1960 eine „zweite Phase der Sozialen Marktwirtschaft" propagiert.[16] *Erhard* verkündete 1965 das „Ende der Nachkriegszeit" (womit er wohl ökonomisch recht hatte, nicht aber politisch). Über diese nun folgende Zeit habe ich hier – wie gesagt – nicht zu berichten. Die Vollbeschäftigungsprobleme, die Problematik des währungspolitischen Fixkurssystems u.a.m. waren wohl nicht mehr die Konsequenz aus der Währungsreform.

Der Rekonstruktionsprozeß als alternative Sicht

Dem im ganzen so positiven Bild von den vierzigern bis in die sechziger Jahre hinein wollen wir nun einige Gedanken und Überlegungen entgegensetzen, die als *Alternativen* zum bisher Gesagten im Blick auf die frühe Nachkriegszeit zu verstehen sind. Hier ist einmal die These vom „Rekonstruktionsprozeß" von *Werner Abelshauser* zu nennen. In dieser Sicht treten die Maßnahmen der Währungsreform und der Deregulierung fast völlig in den Hintergrund. Er geht aus von einer Bemerkung *John Stuart Mills* aus der Mitte des 19. Jahrhunderts über „die große Schnelligkeit, mit der sich Länder aus einem Zustand der Verwüstung wieder

13 Der Entwurf des „Gesetzes gegen Wettbewerbsbeschränkungen" stand lange im Streit der Meinungen. Er erhielt im Bundesrat auch Unterstützung durch die SPD.

14 *Olaf Sievert*, Angebotsorientierte Wirtschaftspolitik in der Bundesrepublik Deutschland, List-Forum 12 (1983/84), S. 382 ff., insbes. S. 388/389.

15 Ebd.

16 *Alfred Müller-Armarck*, Wirtschaftsordnung und Wirtschaftspolitik, Freiburg 1966, S. 267 ff.

erheben, wobei in kurzer Zeit . . . die Folgen von . . . Kriegsverheerungen verschwinden". Dieser Vorgang habe „oft Staunen erregt".[17] *Abelshauser* versucht daraus abzuleiten: „Je tiefer das Produktionsniveau einer Volkswirtschaft durch Kriegs . . . einwirkungen sinkt, um so höhere Wachstumsraten sind offenbar möglich, ehe diese Volkswirtschaft wieder auf ihren langfristigen Wachstumspfad gelangt."[18] In bezug auf Westdeutschland kommt er dann zum Ergebnis, der industrielle Aufschwung habe schon im Herbst 1947 begonnen. „Die Währungsreform spielt in dieser Perspektive lediglich eine Nebenrolle."[19] „Umgekehrt wäre die Währungsoperation ohne den stetigen (?) Wirtschaftsaufschwung seit Herbst 1947, der wenigstens die Warenlager füllte, zum Scheitern verurteilt gewesen."[20] „Die Erwartung der Währungsreform löste an ihrem Vorabend Warenspekulationen aus . . . Erst der Währungsschnitt selbst setzt diesen Rückstau des Warenkreislaufs wieder frei."[21] Immerhin spricht *Abelshauser* von „Signalwirkungen" der Währungsreform und des *Marshall-Plans.* Sie hätten „ohne Zweifel zur Konsolidierung des Rekonstruktionsaufschwungs wesentlich"[22] beigetragen.

Aber der wichtigste Träger des Rekonstruktionsprozesses ist für *Abelshauser* das *Arbeitskräftepotential.* Und damit kommt er zu den Flüchtlingen („sprunghaftes Ansteigen der Bevölkerungszahl"[23]), die mit ihrer hohen Qualifikation erheblich zum „exzeptionell hohen Wachstum der fünfziger Jahre" beigetragen hätten.[24] Hierauf muß man jedoch im Blick auf die tatsächliche Entwicklung entgegnen: Gerade die Menschen, die das meiste verloren hatten, aber einige, wenige Dinge sich nicht nehmen ließen (nämlich das *know-how* und den Willen zu arbeiten und neu zu beginnen), gerade diese Menschen mußten sich durch eine ordnungspolitische Botschaft angesprochen fühlen, die ihnen „freie Konsumwahl, freie Berufswahl, freie Arbeitsplatzwahl" versprach. Ich kann mir nicht vorstellen, daß ohne die Befreiungsschläge der Währungsreform und der Einführung der Marktwirtschaft ein lebhafter Wiederaufbauprozeß im Rahmen von festen Preisen und strengen Bewirtschaftungssystemen sich überhaupt hätte entfalten können. Die allgemeine Wachstumsdynamik, welche ihrerseits die Wirtschaftspolitik nach der Währungsreform erleichterte, war doch ganz erheblich gerade durch die ordnungspolitischen Grundentscheidungen gefördert worden, ja ohne sie nicht denkbar. Das alles spricht eindeutig gegen die Thesen von *Abelshauser.*[25]

---

17 *Werner Abelshauser,* Wirtschaft in Westdeutschland 1945–48, Stuttgart 1975, S. 19; vgl. zum Folgenden auch *Werner Abelshauser,* Wirtschaftsgeschichte der Bundesrepublik Deutschland, Frankfurt/Main 1983.

18 Ders., Wirtschaft in Westdeutschland, S. 13.

19 Ebd., S. 62.

20 Ebd., S. 63.

21 Ebd., S. 168.
Erhard hat übrigens die Warenhortungen zwar moralisch sehr in Frage gestellt, jedoch immer betont, daß ohne sie die Währungsreform „ins Leere" gestoßen wäre.

22 Ebd., S. 169.

23 Ebd., S. 128.

24 Ebd.

25 Vgl. die ausführliche Diskussion dieser Thesen im Beitrag *Buchheim.*

Staatliche Programme und Beibehaltung der Kontrollen als politische Alternative

Die andere *Alternative* zu der in Westdeutschland im Anschluß an die Währungsreform praktizierten Wirtschaftspolitik leitete sich von der „Stagnationsthese" ab, daß also erstmal nach einem Weltkrieg mit dem Zusammenbruch der Rüstungswirtschaft die Gefahr einer großen Arbeitslosigkeit gegeben sei und daß man dieser Gefahr nur durch intensive staatliche Aktivitäten begegnen könne. Diese Ideen, die natürlich im Gegensatz stehen zu den Thesen von *Abelshauser* und auch zu den Beobachtungen von *John Stuart Mill* im vorigen Jahrhundert, waren besonders in den angelsächsischen Ländern nach dem 2. Weltkrieg stark verbreitet. Man denke nur an eine so einflußreiche Persönlichkeit wie *Lord Beveridge.* Ich bin fest davon überzeugt, wenn an die Stelle der in Westdeutschland verfolgten Politik große Staatsprogramme getreten wären, hätte man keinesfalls höhere Wachstumsraten erzielt, als es tatsächlich bei uns gelang. Wohl aber wäre die Wahrscheinlichkeit gegeben gewesen, daß sehr viel stärkere Preissteigerungen eingetreten wären und die außenwirtschaftliche Position der Bundesrepublik sich nicht so vorteilhaft entwickelt hätte.[26]

Natürlich hätte man bei einer alternativen Politik mit staatlichen Programmen wohlweislich die Preiskontrollen beibehalten. So gehörte damals – wie *Gunnar Myrdal* in Genf, EEC – auch *John Kenneth Galbraith* zu der Schule der Vulgärkeynesianer. Im allgemeinen hatten sie nicht erkannt, daß die Arbeitslosigkeit jener Jahre nicht auf Nachfragemangel, sondern auf Kapitalmangel beruhte. Übrigens war im Gegensatz dazu *Keynes* selbst schon bei Kriegsende der Ansicht, daß nun die „klassische Medizin" ins Spiel kommen müsse. *Galbraith* hatte 1948 dagegen (oder noch) behauptet, „niemals bestehe auch nur die geringste Möglichkeit, daß in Deutschland ein Wirtschaftsaufschwung durch Abschaffung der vom Nazi-Regime ererbten und sonstiger bürokratischer Hemmnisse erreicht werden könnte".[27]

Dies war sehr interessant, denn später bekannte *Galbraith:* „Unmittelbar nach dem 2. Weltkrieg war ich im *State Department* nominell verantwortlich für die Wirtschaftspolitik in Deutschland und Japan. (Ich sage nominell, denn unsere zwei Prokonsuln im Feld, General *Lucius D. Clay* in Deutschland und General *Douglas Mac Arthur* in Japan, hinderten jeden in Washington daran, irgendeinen schädlichen Einfluß von persönlicher Macht zu haben.)"[28] Soweit *Galbraith.* Dem kann man heute nur hinzufügen: „zum Glück". *Clay* hat letztlich die deutsche Politik geschützt.

---

26 Eine weitere Variante zur deutschen Politik stellte die *austerity policy* von *Sir Stafford Cripps* in England dar. *Erhards* Prinzip war es, bei drohenden Zahlungsbilanzdefiziten die Produktion zu steigern, d. h. Exporte zu erhöhen, und nicht etwa die Einfuhren zu beschränken.

27 *John Kenneth Galbraith,* The German Economy, in: Foreign Economic Policy for the United States, ed. by *S. E. Harris,* Cambridge/Mass., S. 95; siehe auch *Renate Merklein,* Die Deutschen werden ärmer, Hamburg 1982, S. 142 und S. 183.

28 *John Kenneth Galbraith,* Economics, Peace & Laughter, New York 1972, p. 147: „... prevented anyone in Washington from having a damaging sense of personal power."

Umgekehrt zu diesem allen muß man allerdings wohl zugeben, daß eine forcierte, nachfrageexpansive Politik in einigen anderen westlichen Ländern in der weiteren Entwicklung nach dem Krieg die Exportposition der Bundesrepublik eher begünstigt hat. In dieser Beziehung war sie in einer *free-rider* Position.

Zusammenfassend kann man sagen:

Die Währungsreform war die Voraussetzung für jede neue Wirtschaftspolitik; die alte war offensichtlich gescheitert. Mit ihr war nicht zwangsläufig verbunden, daß nun ein betont marktwirtschaftlicher Kurs eingeschlagen wurde. Dies war eine gesonderte politische Enscheidung. Die Alternative etwa einer stark etatistischen, nachfrageexpansiven Politik wäre mit großer Sicherheit nicht so erfolgreich gewesen – auf kurze wie vor allem auf längere Sicht.

Christoph Buchheim

Zur Kontroverse über den Stellenwert der Währungsreform für die Wachstumsdynamik in der Bundesrepublik Deutschland

In der Öffentlichkeit wird die Währungsreform vom 20. Juni 1948 seit jeher als Beginn des westdeutschen Wirtschaftswunders angesehen. Und dieser Eindruck beruhte nicht nur darauf, daß Geschäfte und Schaufenster über Nacht mit lange entbehrten Waren gefüllt waren, die, gegen das neue Geld erhältlich, die Kauflust der Menschen anstachelten. Vielmehr bedeutete dic Währungsreform für viele, insbesondere die arbeitende Bevölkerung, tatsächlich die Wende in der persönlichen Lebenshaltung. Mußte man zuvor beinahe täglich um das schiere Überleben besorgt sein, indem man die verschiedensten Aushilfsmaßnahmen, wie Tausch auf dem Schwarzmarkt oder Hamsterfahrten, ergriff, um zusätzliche Nahrungsmittel oder Kleidungsstücke zu erhalten, so konnte man sich danach wieder ganz darauf konzentrieren, seinen regulären Verdienst zu erhöhen. Denn Geld war erneut sehr begehrt geworden, und man konnte alles dafür kaufen.

Aber auch ein Blick auf die amtliche Statistik der industriellen Produktion schien die Währungsreform als den Zeitpunkt auszuweisen, in dem das wirtschaftliche Schicksal Westdeutschlands umschlug. Im Vergleich zu den meisten anderen europäischen Ländern, deren Produktion 1948 das Vorkriegsniveau schon überschritten hatte, ließ sich in Westdeutschland bis Juni 1948 nur ein sehr langsamer Wiederaufstieg feststellen:

Tabelle 1: Indizes der industriellen Produktion (ab 1948 arbeitstägliche Produktion) nach der amtlichen Statistik (1936 = 100)

	Bizone	Französische Zone	Westdeutschland
1947			
1. Quartal	33	36	
2. Quartal	38	41	
3. Quartal	42	44	
4. Quartal	45	45	
1948			
1. Quartal	49	48	
2. Quartal	52	49	
3. Quartal	63	58	
4. Quartal	75	66	

	Bizone	Französische Zone	Westdeutschland
1949			
1. Quartal	84	73	83
2. Quartal	88	83	87
3. Quartal			90
4. Quartal			100

Quelle: *Albrecht Ritschl,* Die Währungsreform von 1948 und der Wiederaufstieg der westdeutschen Industrie, in: Vierteljahrshefte für Zeitgeschichte 33, 1985, S. 162, 164.

Im Quartal vor der Geldreform betrug die industrielle Erzeugung sowohl im Vereinigen Wirtschaftsgebiet der amerikanischen und britischen Zone als auch in der französischen Besatzungszone nämlich erst etwa die Hälfte ihres Standes von 1936. Mit der Geldumstellung setzte dann jedoch ein starker Aufschwung ein, und nur anderthalb Jahre später, im vierten Quartal 1949, erreichte die Industrieproduktion Westdeutschlands erneut das Niveau des Jahres 1936.

Traditionelle Sicht der Bedeutung der Währungsreform

Es verwundert daher nicht, daß auch in der wissenschaftlichen Literatur die Währungsreform lange als der Anfang wirtschaftlicher Wachstumsdynamik in der späteren Bundesrepublik bezeichnet wurde. So schrieb etwa *André Piettre* in seinem 1952 erschienenen Buch über die zeitgenössische deutsche Wirtschaft zur Währungsreform:[1]

> „Von diesem Moment an datiert, man kann es sagen, die entscheidende Belebung der deutschen Wirtschaft. . . . Sogar wenn man die Hortung eines Teils der Waren vor der Geldreform und die hieraus folgende Ungenügendheit der Statistik berücksichtigt, ist der brüske Anstieg der Produktion nicht zu bezweifeln."

Und *Henry Wallich* sekundierte:[2]

> „Am 21. Juni 1948 erschienen die Waren wieder in den Läden, das Geld nahm seine normalen Funktionen auf, schwarze und graue Märkte schrumpften, Verproviantierungsreisen in die Landgebiete hörten auf, die Produktivität der Arbeit nahm zu und die Produktionskurve ging steil in die Höhe. Über Nacht änderte sich die Haltung im Lande. . . . Das Wesentliche war . . . die unbestreitbare Tatsache, daß die Wirtschaft wieder in Gang kam."

Diese Auffassung wurde rasch wissenschaftliches Allgemeingut, so daß *Nicholas Balabkins* zu Beginn der 60er Jahre in seiner Studie „Germany Under Direct Controls" im Vorwort lapidar und ohne Beleg feststellte: [3]

---

1 *André Piettre,* L'économie allemande contemporaine (Allemagne Occidentale) 1945–1952, Paris 1952, S. 207 (Übers. d. Verf.).
2 *Henry C. Wallich,* Triebkräfte des deutschen Wiederaufstiegs, Frankfurt 1955, S. 69.
3 *Nicholas Balabkins,* Germany Under Direct Controls. Economic Aspects of Industrial Disarmament 1945–1948, New Brunswick 1964, S. IX (Übers. d. Verf.).

> „Die Währungsreform im Juni 1948, begleitet von durchgreifenden Wirtschaftsreformen, war der Beginn ihres (der deutschen Wirtschaft; Anm.d.Verf.) rapiden Aufschwungs."

Ökonomen ließen sich bis in die jüngste Zeit die Ansicht von der umwälzenden Bedeutung der Währungs- und Bewirtschaftungsreform auch nicht nehmen. Das leuchtet unmittelbar ein, wenn man bedenkt, daß die Überzeugung von der enormen effizienzsteigernden Wirkung eines funktionstüchtigen Geldwesens und mehrseitigen Markttausches gewissermaßen zur intellektuellen Grundausstattung eines jeden liberal eingestellten Volkswirtschaftlers gehört. So schreibt *Hans Möller* der Währungsreform die Beschleunigung des Wiederaufbaus und die nachhaltige Vermehrung des Warenangebots auf den Märkten zu,[4] *Heinz Sauermann* sieht als ihre Konsequenz eine Wiederbelebung wirtschaftlicher Aktivitäten,[5] und *Otto Pfleiderer* bezeichnet als den – zu unterstellen ist: erreichten – Zweck der Reform, existierende Waren auf den Markt zu bringen und die Neuproduktion von Gütern anzuregen.[6] Wohl wegen dieser weitverbreiteten, die Basis ihrer Wissenschaft berührenden Auffassung wurden die Schriften von *Werner Abelshauser,* die die Bedeutung der Währungsreform für das Wirtschaftswachstum in Westdeutschland sehr verkleinerten, lange Zeit unter Ökonomen gar nicht ernsthaft zur Kenntnis genommen. Als aber die von *Abelshauser* vertretene Meinung gerade im Begriff war, sich allgemein durchzusetzen, waren es Ökonomen, die ihr nun erstmals und mit guten Gründen entgegentraten.

Einschätzung der Währungsreform durch Werner Abelshauser und Mathias Manz

Den Höhepunkt der Akzeptanz seiner These markiert wohl, daß *Abelshauser* 1984 im Wirtschafts-Ploetz, also in einem viel benutzten Nachschlagewerk, schreiben konnte:[7]

> „Die Phase der Stagnation der Wirtschaft hält nach dem Zusammenbruch nicht lange an. Die Industrieproduktion in der amerikanischen und britischen Zone verzeichnet binnen kurzem einen steilen Anstieg, der jedoch nur bis Herbst 1946 anhält. . . . Bereits im Herbst 1947 setzt ein zweiter Wirtschaftsaufschwung ein, der über den Winter 1947/48 anhält. . . . Die beiden kräftigen Aufschwungphasen in der Bizone während der Besatzungszeit gelingen ohne wesentliche Hilfe von außen. Die Währungsreform setzt in den Westzonen den Rückstau der Warenhortung frei, die nach der gelungenen Ankurbelung einsetzte; die Bedeutung der Währungsreform darf nicht überschätzt werden, wenngleich die Errichtung eines funktionierenden Geldwesens eine notwendige Voraussetzung für die Neu-Organisation der deutschen Wirtschaft ist."

---

4 *Hans Möller,* Die westdeutsche Währungsreform von 1948, in: Deutsche Bundesbank (Hg), Währung und Wirtschaft in Deutschland 1876–1975, Frankfurt 1976, S. 462.

5 *Heinz Sauermann,* On the Economic and Financial Rehabilitation of Western Germany (1945–1949), in: Zeitschrift für die gesamte Staatswissenschaft 135, 1979, S. 317.

6 *Otto Pfleiderer,* Two Types of Inflation, Two Types of Currency Reform. The German Currency Miracles of 1923 and 1948, in: ebd., S. 364.

7 *Hugo Ott/Hermann Schäfer* (Hg), Wirtschafts-Ploetz, Würzburg 1984, S. 294.

Die hauptsächliche Botschaft dieser Sätze liegt in der Aussage, die Ankurbelung der Wirtschaft habe längst vor der Währungsreform stattgefunden. Das sei allerdings durch die Tatsache verdeckt worden, daß zu einem Teil auf Hortungslager anstatt für den Verkauf außerhalb der Unternehmen produziert wurde. Der Effekt der Währungsreform habe nun darin bestanden, daß die gehorteten Bestände auf die Märkte gelangt sind, nicht jedoch darin, daß die Produktion einen entscheidenden Impuls erhalten habe. *Abelshauser* gesteht zwar zu, daß die Reform eine notwendige Voraussetzung für die Neu-Organisation der deutschen Wirtschaft gewesen ist. Dabei bleibt jedoch offen, was diese Neu-Organisation bewirkt hat. Zur Erhöhung der Produktion, zum Wirtschaftswachstum, jedenfalls hat sie nach seiner Meinung nur wenig beigetragen. Noch deutlicher tritt diese Ansicht *Abelshausers* in dem folgenden Zitat zutage, das aus einer von ihm verfaßten Wirtschaftsgeschichte der Bundesrepublik Deutschland stammt, die, in der Edition Suhrkamp erschienen, ebenfalls für ein breites Publikum bestimmt ist:[8]

> „Neuere Berechnungen weisen nach, daß das Produktionsniveau vor der Währungsreform systematisch unterschätzt wurde, weil ein beträchtlicher Teil der für die Hortungslager produzierten Waren nicht statistisch erfaßt worden war. Wird diesem Effekt aber Rechnung getragen, verliert die Währungsreform ihre herausragende Bedeutung für den Produktionsprozeß und ordnet sich in den stetigen Wirtschaftsaufschwung ein, der im Herbst 1947 begann und eine Voraussetzung für ihren Erfolg war. Wesentlich beschleunigt hat die Währungsreform diesen Aufschwung nicht."

Entwickelt und ausführlich begründet hat *Abelshauser* diese seine These in seiner 1975 erschienenen Dissertation,[9] nachdem *Mathias Manz* schon 1968 für die französische Zone zu einem ähnlichen Ergebnis gekommen war.[10] Seitdem in zahlreichen Beiträgen von ihm wiederholt und variiert,[11] ist der Standpunkt *Abelshausers* von Zeit- und Wirtschaftshistorikern vielfach zustimmend rezipiert worden.[12] Auf welche Anhaltspunkte aber stützen *Manz* und *Abelshauser* eigentlich ihre These? Beide gehen von der Vermutung umfangreicher Produktionsverheimlichung durch die Unternehmen vor der Währungsreform aus, sei es um Waren für Schwarzmarkt- oder Tauschgeschäfte zur Verfügung zu haben, sei es

8 *Werner Abelshauser,* Wirtschaftsgeschichte der Bundesrepublik Deutschland (1945–1980), Frankfurt 1983, S. 51.

9 *Werner Abelshauser,* Wirtschaft in Westdeutschland 1945–1948. Rekonstruktion und Wachstumsbedingungen in der amerikanischen und britischen Zone, Stuttgart 1975.

10 *Mathias Manz,* Stagnation und Aufschwung in der französischen Besatzungszone 1945–1948, hg. v. *Werner Abelshauser,* Ostfildern 1985 (= Diss. Mannheim 1968), S. 32, 88f.

11 Vgl. z. B. *Werner Abelshauser,* Die Rekonstruktion der westdeutschen Wirtschaft und die Rolle der Besatzungspolitik, in: *Claus Scharf/Hans-Jürgen Schröder* (Hg), Politische und ökonomische Stabilisierung Westdeutschlands 1945–1949, Wiesbaden 1977, S. 7ff.; ders., Probleme des Wiederaufbaus der westdeutschen Wirtschaft 1945–1953, in: *Heinrich A. Winkler* (Hg), Politische Weichenstellungen in Nachkriegsdeutschland, Göttingen 1979, S. 235f.; ders., Wiederaufbau vor dem Marshall-Plan, in: Vierteljahrshefte für Zeitgeschichte (VfZ) 29, 1981, S. 564.

12 Vgl. die Zitatensammlung bei *Rainer Klump,* Wirtschaftsgeschichte der Bundesrepublik Deutschland. Zur Kritik neuerer wirtschaftshistorischer Interpretationen aus ordnungspolitischer Sicht, Stuttgart 1985, S. 18f., 21.

zum Aufbau von Horten für die Zeit nach der erwarteten Geldumstellung. Um ihre Vermutung, die manchen zeitgenössischen Äußerungen durchaus entspricht, zu konkretisieren, nehmen beide sodann eine Neuschätzung des Index der Industrieproduktion auf der Basis des industriellen Energieverbrauchs vor. Hierbei unterstellen sie, daß die amtliche Statistik die tatsächliche Industrieproduktion nach der Reform im wesentlichen richtig widerspiegelt, da ja die Gründe für die Nichtangabe von Teilen der Produktion durch die Unternehmen entfallen sind. Weiterhin nehmen sie Konstanz der Energieproduktivität im Untersuchungszeitraum an, d. h. sie rechnen damit, daß die pro Energieeinheit erzeugte Menge an Gütern gleich blieb. Multipliziert man nun den Wert der Energieproduktivität, wie er sich nach der Geldumstellung ergibt, mit den Daten für den industriellen Energieverbrauch vor der Reform, so gelangt man zu neuen Zahlen für die industrielle Erzeugung vor dem Geldschnitt, die beträchtlich höher liegen als die amtlichen.

Tabelle 2: Neuschätzung der Industrieproduktion nach *Abelshauser* und *Manz* im Vergleich zu den amtlichen Zahlen* (1936 = 100)

	Bizone		Französische Zone	
	Amtl. Index	*Abelshausers* Schätzung	Amtl. Index	Schätzung von *Manz*
1947				
4. Quartal	45	50		
1948				
1. Quartal	48	54	47	50
2. Quartal	50	57	49	54
3. Quartal	65	65	61	61
4. Quartal	76	76	67	67

* Im Gegensatz zu den Zahlen ab 1948 in Tabelle 1 unbereinigt um den Effekt der von Monat zu Monat schwankenden Anzahl von Arbeitstagen.

Quellen: *Werner Abelshauser,* Wirtschaft in Westdeutschland 1945–1948, Stuttgart 1975, S. 57; *Mathias Manz,* Stagnation und Aufschwung in der französischen Besatzungszone 1945–1948, Ostfildern 1985, S. 29

Die Differenz zwischen beiden Zahlenreihen gibt somit nach *Manz* und *Abelshauser* das Ausmaß der Produktionsverheimlichung und daraus folgend auch der Produktionsunterschätzung in der offiziellen Statistik an. Verknüpft man die neuen Ziffern für die Zeit vor der Währungsreform mit den amtlichen für die Periode danach, so erscheint der Anstieg der Produktion kontinuierlicher, die Beschleunigung der Industrieerzeugung infolge der Reform verschwindet oder fällt jedenfalls wesentlich geringer aus.[13] Sowohl *Manz* wie *Abelshauser* sehen in dem

13 *Manz,* S. 27ff.; *Abelshauser,* Wirtschaft in Westdeutschland, S. 53ff.

raschen Produktionsanstieg nach der Geldreform also nicht mehr als eine statistische Täuschung.[14]

Die theoretische Grundlage von Abelshausers Einschätzung

Abelshauser begnügte sich damit aber nicht. Vielmehr bettete er seine Untersuchung in das von dem Ungarn *Franz Jánossy* entwickelte Modell zur Erklärung wirtschaftlicher Wiederaufbauperioden[15] ein. Dabei bildete für *Jánossy* die Beobachtung besonders raschen Wirtschaftswachstums nach einem etwa durch Krieg verursachten Produktionseinbruch eines Landes sowie der Vernichtung eines erheblichen Teils seines Sachkapitalbestandes den Ausgangspunkt seiner Theorie. Diese Beobachtung war an sich nichts Neues. Wir finden sie bereits bei *John Stuart Mill,* der auch schon andeutete, daß die Erklärung dieses Phänomens in den bleibenden Kenntnissen und Fähigkeiten der Einwohner des betreffenden Landes, also in seinem Humankapitalbestand, zu suchen sei.[16] *Jánossy* nun baute sein Modell um das Konzept der Trendlinie langfristig ungestört verlaufenden Wachstums auf. Dieser Trend wird bestimmt vom Wandel der Qualifikationsstruktur der Menschen, so daß das Wachstum durch bloße Erhöhung der Sachkapitalinvestitionen normalerweise nicht gesteigert werden kann. Anders stellt sich jedoch die Lage in Rekonstruktionsperioden dar, wenn die Beschäftigungsstruktur infolge der vorausgegangenen Zerstörungen von Produktionsmitteln nur eine schlechtere als die tatsächlich vorhandene Qualifikationsstruktur widerspiegelt. In diesem Fall wird die Sachkapitalbildung zur strategischen Größe, und die aktuelle Wachstumsrate kann eine Zeitlang über die langfristig mögliche weit hinausgehen.

14 *Manz,* S. 89; *Abelshauser,* Rekonstruktion, S. 9.

15 *Franz Jánossy,* Das Ende der Wirtschaftswunder. Erscheinung und Wesen der wirtschaftlichen Entwicklung, Frankfurt o. J. (1969).

16 *John Stuart Mill,* Principles of Political Economy with Some of their Applications to Social Philosophy, London ⁵1862, Bd. 1, S. 93.

Abbildung: Schematische Darstellung des Verlaufs einer Nachkriegsrekonstruktionsperiode

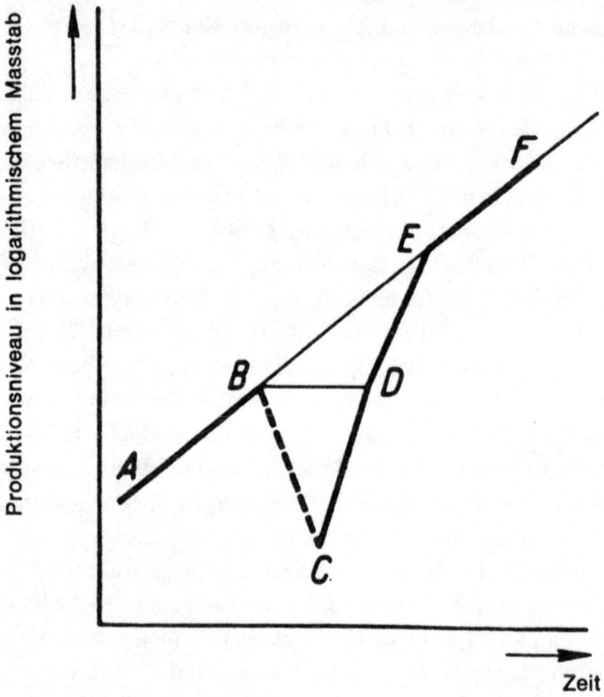

AF – Trendlinie der wirtschaftlichen Entwicklung
AB – Verlauf der Produktionsniveau-Linie bis Kriegsausbruch
BC – Durch den Krieg verursachtes Abfallen des Produktionsniveaus
CE – Verlauf der Produktionsniveau-Linie während der Rekonstruktionsperiode, und zwar
CD – bis zum Erreichen des Vorkriegsniveaus und
DE – bis zum Erreichen der Trendlinie
EF – Verlauf der Produktionsniveau-Linie nach der Rekonstruktionsperiode.

Quelle: *Franz Jánossy,* Das Ende der Wirtschaftswunder, Frankfurt o.J., S. 18

Indem *Abelshauser* das westdeutsche Wirtschaftswunder explizit als Rekonstruktionsaufschwung begreift, verschiebt sich sein Interesse weg von den ordnungspolitischen Rahmenbedingungen dieses Wachstumsprozesses im weitesten Sinn hin zu einer Bilanz der ökonomischen Ressourcen Westdeutschlands. Deshalb analysiert er Höhe und Zusammensetzung des Arbeitskräftepotentials sowie des Kapitalstocks, und er kommt zu dem Ergebnis, daß von daher die Voraussetzungen für eine schnelle Rekonstruktion voll erfüllt waren.[17]

17 *Abelshauser,* Wirtschaft in Westdeutschland, S. 126ff.

Vor diesem Hintergrund interpretiert *Abelshauser* dann jeden Produktionszuwachs als Ausdruck beginnender Rekonstruktion. Rückschläge dagegen beruhen primär auf materiellen Engpässen, nach deren Überwindung der Rekonstruktionsprozeß erneut anhebt. Da *Abelshauser* derartige Engpässe seit Mitte 1947 zunächst ausgeschaltet sieht, gibt es für ihn keinen Grund mehr, der einen stetigen Rekonstruktionsaufschwung hindern würde.[18] Insofern gewinnt seine Neuschätzung des bizonalen Index der industriellen Produktion zusätzliche Bedeutung. Bis zu einem gewissen Grade hängt von ihr nämlich die Gültigkeit des Rekonstruktionsmodells, wie *Abelshauser* es sieht, ab. Denn seiner Meinung nach spielen in dessen Rahmen Wirtschaftsordnung und -politik nur eine höchst untergeordnete Rolle.[19] Diese Auffassung wäre jedoch unhaltbar, falls die Währungs- und Bewirtschaftungsreform größeren Einfluß auf den Wachstumsverlauf in Westdeutschland gehabt haben sollte.

Es ist allerdings zu fragen, ob diese Interpretation des Modells völlig mit *Jánossys* Intentionen übereinstimmt. Denn *Jánossy* führt an einer Stelle seines Buches aus:[20]

> „Erstens stellt die Trendlinie nur eine potentiell gegebene Möglichkeit dar, eine Möglichkeit, die nur bei voller Entfaltung der Produktivkräfte im Produktionsniveau Realität gewinnt. Zweitens ist der Anstieg der Trendlinie selbst keine von Gott gegebene Größe, sondern das Resultat bestimmter Produktionsverhältnisse, durch die die Menschen auf irgendeine Weise gezwungen oder angespornt werden, etwas zu tun."

Demnach existiert keinerlei Garantie, daß das Produktionspotential einer Wirtschaft auch immer voll ausgeschöpft wird. *Abelshauser* sieht das durchaus. Er schreibt einmal, einen Automatismus, der das tatsächliche an das mögliche Wachstum anpaßt, gebe es insbesondere vor der Währungsreform nicht. Daher seien die Wirtschaftspolitik und die Effizienz der Wirtschaftslenkung entscheidende Faktoren gewesen.[21] Und an anderer Stelle, in einem von *Abelshauser* und *Dietmar Petzina* gemeinsam verfaßten Aufsatz, heißt es, die Politik könne „die Bedingungen für die Verwirklichung dieser Potentiale herstellen, verbessern oder verschlechtern."[22] In diesem Sinne betrachtet *Abelshauser* das Scheitern der Sozialisierungspläne völlig zu Recht als eine wichtige Ursache für die Unmöglichkeit wirksamer behördlicher Produktionslenkung.[23] Überraschenderweise schätzt

18 *Abelshauser,* Wirtschaftsgeschichte, S. 42ff. Ähnlich argumentiert auch *Mathias Manz,* S. 88ff., wenn er schreibt: „Ursache für die Stagnation (in der französischen Zone; Anm. d. Verf.) war die niedrige Zwischenproduktversorgung. ... Was die Währungsreform und den Abbau der Bewirtschaftung anbelangt, gibt es kein überzeugendes Argument dafür, daß sie auf eine nennenswerte Weise zur Verringerung des Zwischenproduktmangels beigetragen haben. Als Ursachen für den Übergang zum anhaltenden Aufschwung kommen diese wirtschaftspolitischen Maßnahmen daher nicht in Frage."

19 Das ist im übrigen eine Quintessenz seines Aufsatzes „Wiederaufbau vor dem Marshall-Plan" (s. Anm. 11).

20 *Jánossy,* S. 21.

21 *Abelshauser,* Wirtschaft in Westdeutschland, S. 65.

22 *Werner Abelshauser/Dietmar Petzina,* Krise und Rekonstruktion. Zur Interpretation der gesamtwirtschaftlichen Entwicklung Deutschlands im 20. Jahrhundert, in: dies. (Hg), Deutsche Wirtschaftsgeschichte im Industriezeitalter, Königstein 1981, S. 85.

23 *Abelshauser,* Wirtschaft in Westdeutschland, S. 170.

er dann aber die Rolle, die ein funktionstüchtiges Geldwesen zur Stimulierung der Produktion in einer kapitalistischen Wirtschaft spielt, offenbar nur sehr gering ein. Das aber steht im Widerspruch nicht nur zur Auffassung liberaler Ökonomen, sondern auch zur Ansicht von Marxisten, die Geld als essentiellen Bestandteil einer Wirtschaftsform, die auf Warenproduktion beruht, ansprechen. Überhaupt scheint *Abelshauser* die Wichtigkeit von Produktionsverhältnissen und Wirtschaftspolitik für den Wachstumsprozeß zwar zu postulieren, aber dennoch nicht ganz ernst zu nehmen. Diese Vermutung muß sich jedenfalls dem Leser bei folgendem, sprachlich verräterischen Satz aufdrängen:[24] „Am Ausgangspunkt der Entwicklung waren alle Voraussetzungen gegeben, die eine schnelle Rückkehr der westdeutschen Wirtschaft auf ihren historischen Wachstumspfad ermöglichen *mußten*."

Revision der Thesen von Abelshauser und Manz

1. Kritische Würdigung durch Ökonomen

Wie erwähnt, bahnt sich in letzter Zeit eine Revision der Revision der Einschätzung von Währungs- und Bewirtschaftungsreform an. Zunächst setzte sich der Ökonom *Albrecht Ritschl* in einem Beitrag kritisch mit der von *Abelshauser* und *Manz* vorgenommenen Korrektur des Index der industriellen Produktion in der Zeit vor der Währungsreform auseinander.[25] Es gelang ihm, mit Hilfe eines ökonometrischen Modells zu zeigen, daß die Stromproduktivität der Industrie der Bizone vor und nach der Währungsreform in Abhängigkeit von der Produktion anstieg. Die bei *Abelshausers* Neuschätzung der Industrieproduktion unterstellte Konstanz der Stromproduktivität war demnach nicht gegeben, womit aber die Basis der Neuschätzung in sich zusammenfällt. Und auch *Manz* wird von *Ritschl* widerlegt.

Einen anderen Ansatz der Kritik an *Abelshauser* wählte *Rainer Klump*, ebenfalls ein Ökonom, in seinem nach dem Aufsatz *Ritschls* erschienenen Band „Wirtschaftsgeschichte der Bundesrepublik Deutschland".[26] Er betont nämlich die Bedeutung der ordnungspolitischen Entscheidungen für den Wachstumsverlauf in Westdeutschland und schreibt:

> „Wie schnell ein . . . Wachstumspotential ausgeschöpft wird und ob sich daraus eine längerfristige Wachstumsdynamik ergibt, die über die eigentliche Wiederaufbauphase hinaus anhält, dürfte aber entscheidend von den ordnungspolitischen Rahmenbedingungen abhängen. Nicht das bloße Vorhandensein der Produktionsfaktoren, sondern erst ihre effiziente Kombination im Produktionsprozeß ermöglicht ein Wirtschaftswachstum."

---

24 Ebd., S. 169 (Hervorh. durch d. Verf.).

25 *Albrecht Ritschl,* Die Währungsreform von 1948 und der Wiederaufstieg der westdeutschen Industrie. Zu den Thesen von Mathias Manz und Werner Abelshauser über die Produktionswirkungen der Währungsreform, in: VfZ 33, 1985, S. 136ff.

26 Siehe Anm. 12.

Und weiter heißt es bei ihm:

> „Die Analyse der Gründe, die den wirtschaftlichen Aufschwung hemmen oder ihn fördern, wird damit aber wesentlich entscheidender als das Rekonstruktionskonzept selbst."[27]

Man sieht, *Klump* lehnt das Rekonstruktionsmodell als weitgehend irrelevant ab und entzieht damit *Abelshausers* Untersuchung die theoretische Basis. Für ihn ist der Vorbehalt, den *Jánossy* bezüglich der Erklärungskraft seiner Theorie im Hinblick auf das tatsächliche Wachstum eines Landes gemacht hat und den *Abelshauser* zwar erwähnt, aber in der Essenz seiner Schlußfolgerungen nur wenig berücksichtigt, das Entscheidende. Während *Abelshauser* das Wachstumspotential der Wirtschaft in den Mittelpunkt seiner Überlegungen stellt und darüber einige der Voraussetzungen zur Verwirklichung dieser Potentiale übergeht, konzentriert sich *Klump* ganz auf letzteres. So sieht *Klump* den Durchbruch der westdeutschen Wirtschaft zu eindrucksvoller Dynamik als eine Folge der Beseitigung der zurückgestauten Inflation durch die Währungsreform und der Einführung der marktwirtschaftlichen Ordnung an.[28] Darin ist ihm wohl, wie noch gezeigt werden wird, tatsächlich zuzustimmen. Umgekehrt stellt er aber auch die Abschwächung des Wachstums seit den 60er Jahren ausschließlich als Resultat des ordnungspolitischen Wandels dar, hin zu größerer Einflußnahme des Staates und der Verbände auf die Wirtschaft, zu verstärkter Vermachtung der Märkte sowie ungesunder Geldmengenexpansion. Ausdrücklich erklärt er, daß ein Rückgriff auf das Rekonstruktionskonzept, und damit auf irgendwelche Vorstellungen von einem verminderten Wachstumspotential, unnötig sei.[29]

Diese Ausblendung erscheint jedoch unzulässig. Denn daß beispielsweise das Versiegen des Zustroms von Vertriebenen und Flüchtlingen Anfang der 60er Jahre, der zuvor eine außergewöhnliche Vergrößerung des Reservoirs an qualifizierten Arbeitskräften bewirkte, auch eine wichtige, von der *Jánossyschen* Theorie her erst richtig zu würdigende Ursache der Wachstumsverlangsamung war, ist kaum zu leugnen. Ebensowenig kann die Abnahme der Kapitalproduktivität mit Hilfe ordnungspolitischer Weichenstellungen allein plausibel gemacht werden, was auch für die bereits in den 50er und frühen 60er Jahren, also noch vor dem von *Klump* negativ eingeschätzten ordnungspolitischen Wandel, im Zyklendurchschnitt sinkenden Wachstumsraten gilt. Das Rekonstruktionsmodell liefert dagegen wichtige Hinweise zur Erklärung beider Phänomene. Damit soll keineswegs verneint werden, daß die angeführten Änderungen des ordnungspolitischen Rahmens das Wachstum beeinträchtigt haben. Jedoch kann daneben durchaus eine Theorie über die Entwicklung von Wachstumspotentialen, wie etwa die Rekonstruktionstheorie, sinnvoll zur Verständlichmachung des Wachstumsrückgangs herangezogen werden.

---

27 Ebd., S. 40, 44.
28 Ebd., S. 53.
29 Ebd., S. 81ff.

2. Kritik von Historikern

Kürzlich wurde die *Abelshausersche* Interpretation der unmittelbaren Nachkriegszeit auch von zwei Historikern heftig angegriffen. In einem 1987 in den Vierteljahrsheften für Zeitgeschichte erschienenen Aufsatz[30] werfen *Bernd Klemm* und *Günter Trittel Abelshauser* vor, seine Sichtweise sei gekennzeichnet von Determinismus. Diesen sehen sie letztlich darin begründet, daß *Abelshauser* seiner Untersuchung das Rekonstruktionsmodell zugrundegelegt habe. Das sei zwar legitim, wenn die theoretischen Hypothesen dazu dienten, das historische Material zu befragen, ohne jedoch die geschichtliche Realität zu verkürzen. Bei *Abelshauser* würde dadurch aber das Ergebnis, nämlich der gelungene Rekonstruktionsaufschwung, gleichsam vorweggenommen, und es gehe ihm nur noch darum, die Triebkräfte der Rekonstruktion schon für die Zeit sofort nach dem Krieg nachzuweisen. Insofern seien geschichtliche Fakten oft nur dazu benutzt worden, die Theorie zu illustrieren. Mit anderen Worten, historische Einzeldaten würden aus dem Zusammenhang der Gesamtgeschichte gerissen und so einer höchst willkürlichen Interpretation zugänglich. Das treffe insbesondere auf die von *Abelshauser* vermittelte Sicht der Zeitreihe der Produktionsziffern zu. Die ihn allein interessierende Auf- und Abwärtsbewegung dieser Kurve, die in den Kategorien des Rekonstruktionsmodells dargestellt werde, verdecke völlig das katastrophal niedrige Niveau der Produktion sowie die, hieran gemessen, geringe Entwicklungsgeschwindigkeit. *Klemm* und *Trittel* schreiben:[31]

> „Eine Krisensituation existenziellen Ausmaßes erscheint nun in einem ganz anderen Licht, aus (tendenzieller) Stagnation wird Wachstum, ja eine sich mit einem ‚beträchtlichen Tempo' vollziehende ‚bemerkenswerte' Expansion. Jeder Anstieg der Produktion wird zur Rekonstruktionsbewegung, zur ‚Welle der Rekonstruktion' auf einem vorab bestimmten Wachstumspfad. Grundlage solcher nur als grotesk zu bezeichnenden Urteile über das angeblich schnelle Wachstum ist die irreale Konstruktion, die Wirtschaft hätte auf einem Produktionsniveau von quasi Null verharren können. Denn nur im Vergleich zu einem fiktiven Produktionsstillstand kann die reale Produktionsentwicklung als ‚bemerkenswertes' Wachstum ausgegeben werden."

Allerdings übernehmen *Klemm* und *Trittel* bei aller Kritik *Abelshausers* doch dessen Einschätzung von der minderen Rolle der Währungsreform[32] und, trotz *Ritschl,* auch seine Korrektur des industriellen Produktionsindex für die Zeit bis Juni 1948.[33] Darauf kommt es ihnen also offensichtlich nicht an. Auf diese Weise gewinnt ihr Plädoyer für mehr Beschreibung der historischen Realität sowie für eine stärkere Berücksichtigung zeitgenössischer Meinungen und Urteile jedoch einen historistischen, anti-theoretischen Beigeschmack. Denn wenn man theorielos, wie

30 *Bernd Klemm/Günter J. Trittel,* Vor dem „Wirtschaftswunder": Durchbruch zum Wachstum oder Lähmungskrise? Eine Auseinandersetzung mit Werner Abelshausers Interpretation der Wirtschaftsentwicklung 1945–1948, in: VfZ 35, 1987, S. 571ff.

31 Ebd., S. 594.

32 Ebd., S. 620f.

33 Ebd., S. 595.

sie es tun, einfach nur darstellt, daß es sowohl vor wie nach der Währungsreform Produktionszuwächse und -rückgänge gegeben hat, muß einem zwangsläufig die völlig unterschiedliche Qualität des Entwicklungsprozesses der westdeutschen Wirtschaft vor und nach der Reform entgehen.

Der unterschiedliche Charakter der Wirtschaftsentwicklung vor und nach der Reform

Aber genau das – die grundlegende Änderung des Charakters von Wirtschaftswachstum durch die Währungs- und Bewirtschaftungsreform – erscheint als der Schlüssel, mit dessen Hilfe sich sowohl die spezifische Lage der deutschen Wirtschaft in der Zeit der zurückgestauten Inflation als auch der schnelle Aufschwung nach der Geldumstellung erschließen lassen. Das wird von *Abelshauser* geleugnet. Dieser gibt zwar in einer Antwort auf *Ritschls* Artikel zu, daß seine zahlenmäßige Korrektur des Produktionsindex für die Vorwährungsreformzeit zu verwerfen ist. Aber trotzdem hält er unter Hinweis auf zeitgenössische Angaben, die von der Tatsache amtlich nicht erfaßter Produktion ausgehen, an der Unterschätzungsthese für die offizielle Statistik fest. Deshalb beharrt er auch auf seiner Meinung, der Rekonstruktionsaufschwung habe schon 1947 begonnen und sei durch die Währungsreform nicht wesentlich beschleunigt worden.[34]

Soweit sich die zeitgenössischen Äußerungen auf die Existenz umfangreicher Warenhorte in den Unternehmen beziehen, soll das hier gar nicht in Abrede gestellt werden. Nur handelte es sich offenbar mehr um die Hortung von Vormaterialien und Halbwaren als um eine solche von Fertigprodukten.[35] In diesem Fall läßt sich die amtliche Statistik der Industrieproduktion aber durchaus mit hohen Lagerbeständen in den Betrieben vereinbaren. Denn wenn es die Unternehmen weitgehend vermieden, ihre jeweiligen Endprodukte herzustellen, konnten sie sie also auch nicht auf den statistischen Meldebögen zur Erfassung der Produktion angeben.

Wie aber kann man begründen, daß die Unternehmen sich so verhalten, also kein Interesse an maximaler Produktion gehabt haben? Letzten Endes war das eine Folge der zurückgestauten Inflation. Sie führte dazu, daß kaum noch jemand bereit war, Waren und Leistungen zu den offiziellen Preisen nur gegen Geld zu tauschen. Im Unternehmenssektor kam es deshalb in großem Stil zu Kompensationshandel – weniger zu Schwarzmarktgeschäften –, wobei sich zeigte, daß die Tauschäquivalente von Gütern häufig nicht mehr mit ihren offiziellen Preisen übereinstimmten. So konnte man etwa für Reifen, die offiziell 100 RM kosteten, Textilien im Wert von 200 bis 300 RM eintauschen. Aber ein Bus zum Preis von 53 000 RM brachte seinem Produzenten im Tausch nur Textilgüter für 15 000 RM ein.[36] Das aber bedeutete, es gab kein Preissystem mehr, mit dessen Hilfe der Unternehmensgewinn verläßlich

34 *Werner Abelshauser,* Schopenhauers Gesetz und die Währungsreform, in: VfZ 33, 1985, S. 215.
35 *Christoph Buchheim,* Die Währungsreform 1948 in Westdeutschland, in: VfZ 36, 1988, S. 196f.
36 Institut für Zeitgeschichte, Archiv, MF 260, 5/359–3/1, OMGUS, The Status of Compensation Trade, 9.12.47.

kalkulierbar gewesen wäre. Auch der erwartete Ertrag von Investitionen und Innovationen war nicht mehr abzuschätzen. Solche Aktivitäten wurden also, ebenso wie maximale Produktion im Hinblick auf größtmöglichen Gewinn, unattraktiv. Zwangsläufig mußte das Gewinnziel als Bestimmungsgrund unternehmerischer Tätigkeit zurücktreten. In Erwartung der Währungsreform rückte das Überlebensziel an seine Stelle.

Das hieß nun aber nicht, daß Produktion ganz aufgehört hätte. Vielmehr lag eine gewisse Produktion und ein gewisser Produktionszuwachs schon im Interesse am Überlebensziel orientierter Unternehmer. Wollte man nämlich die Stammarbeiterschaft seines Betriebes erhalten, mußte man ihr nicht nur den offiziellen Geldlohn, sondern daneben auch noch eine Güterprämie bieten. Die Beschaffung hierfür geeigneter Produkte glückte häufig jedoch nur auf dem Kompensationswege im Austausch gegen selbst hergestellte Waren. Im übrigen konnte man notwendige Vormaterialien oft auch nur durch Kompensationsgeschäfte erlangen. Dementsprechend war der Kompensationshandel weit verbreitet, was jedoch, anders als *Manz* und *Abelshauser* annehmen, nicht unbedingt besagt, daß in gleichem Umfang eine Verheimlichung der Produktion stattfand. Offenbar wurden nämlich auch Kompensationsgeschäfte zu den offiziellen Preisen bewertet und verbucht.[37] Unter der Voraussetzung konsistenten Unternehmerverhaltens spricht aber viel dafür, daß die aus den Rechnungsbüchern zu erschließende Produktion auch auf den Meldebögen angegeben worden ist. Weiterhin mag es manchen Unternehmen im Sinne ihres Überlebens vorteilhaft erschienen sein, die Belieferung alter Kunden nicht völlig einzustellen und sei es nur, um sich in guter Erinnerung zu halten. Ein gewisser Verkauf war zudem unumgänglich, wenn man die Einbeziehung in den Kreis der Empfänger von sehr begehrten, weil zu den offiziellen Preisen in Geld bezahlbaren und daher billigen, behördlichen Rohstoffzuteilungen erreichen wollte. Und schließlich produzierte man wohl auch, um die erzeugte Ware auf Lager zu nehmen. Denn ein Bestand an Fertigprodukten schien schon deshalb nötig, um ihn nach der Währungsreform sofort verkaufen und so die dann zu erwartende Knappheit an Liquidität vermindern zu können. Allerdings dürfte in der Industrie der Umfang der Fertigwarenlager, wie gesagt, relativ gering gehalten worden sein. Denn für den Zweck der Kapitalerhaltung erschienen möglichst große Vorräte an Vormaterialien geeigneter als Endprodukte, erstens weil sie gegenüber den Bewirtschaftungsbehörden leichter zu rechtfertigen waren als umfangreiche Fertigwarenlager und zweitens, weil sie den Unternehmen eine größere Flexibilität zur Wahrnehmung derjenigen Produktions- und Verkaufschancen sicherten, die sich am rentabelsten erweisen würden, sobald der Gewinn wieder kalkulierbar wäre.

Das Fehlen eines funktionstüchtigen Geldsystems sowie die damit zusammenhängende Tatsache einer stark verzerrten Preisstruktur führten also verbreitet tatsächlich zu Warenhortung. Insofern ist *Abelshauser* zuzustimmen. Anders als er vermutet, handelte es sich bei den Horten aber primär um Bestände an Vormateria-

37 *Buchheim,* S. 195.

lien und Halbwaren, weniger um Endproduktlager. Weiterhin erklärt sich das zunächst widersprüchlich erscheinende Faktum, daß keinerlei Interesse an hoher Produktion im Hinblick auf Gewinnerzielung bestand, aber dennoch produziert wurde und sogar ein gewisser, wenn auch angesichts des Ausgangsniveaus sehr bescheidener Produktionszuwachs feststellbar ist. Mit echtem Wirtschaftswachstum hatten diese Zuwächse freilich nichts gemein. Es mangelte nämlich an der spezifischen, für Wachstum im Unterschied zu Stagnation typischen Dynamik, die ihren Ausdruck in hohen Investitionen und ausgedehnter Innovationstätigkeit der Unternehmen findet, sowie in dem Anreiz, so viel zu produzieren, wie gewinnbringend abzusetzen ist. Da er das verkennt, ist der Ansatz *Abelshausers,* den Rekonstruktionsaufschwung schon vor der Währungsreform beginnen und ihn sich über diese Reform hinweg mehr oder weniger kontinuierlich fortsetzen zu lassen, verfehlt. Vielmehr kann man mit einigem Recht vermuten, daß sich ohne Reform des Geld- und Preissystems an der Antriebslosigkeit der westdeutschen Wirtschaft nichts Grundsätzliches geändert hätte. Eine Alternative hierzu wäre nur, wie ja auch *Abelshauser* andeutet, die Verstaatlichung eines Großteils der Unternehmen und die Errichtung einer umfassenden, mit wirksamen Sanktionsmöglichkeiten ausgestatteten Planwirtschaft gewesen.

Es ist nun aber auch klar, warum es nach der Währungs- und Bewirtschaftungsreform zu einem sprunghaften Anstieg der Produktion kommen konnte, und daß es nicht nötig ist, einen Teil dieses Zuwachses als statistische Täuschung aufgrund von Produktionsverheimlichung vor der Reform anzusehen. Denn wenn die Unternehmen große Bestände von Halbwaren und vollständige Sets von materiellen Inputfaktoren auf Lager hatten, konnten sie ihre Produktion von heute auf morgen nach Wiederinkraftsetzung des Gewinnmotivs stark steigern, zumal der Leistungsanreiz bei der Arbeiterschaft durch die Reform ebenfalls voll wiederhergestellt worden ist. Charakteristisch für die erneuerte Dynamik der Wirtschaft war auch, daß die Investitionen im zweiten Halbjahr 1948 rasch zunahmen. *Klump* und die älteren Autoren sowie die Ökonomen haben also wohl doch recht, wenn sie den Übergang der westdeutschen Wirtschaft von Stagnation zu Wachstum erst mit der Währungsreform als bewerkstelligt betrachten.

Schließlich liefert die Analyse wichtige Anhaltspunkte für die Richtigkeit der unter zeitgenössischen Wirtschaftswissenschaftlern und -kommentatoren verbreiteten Meinung, daß mit der Währungsreform unbedingt eine weitgehende Abschaffung von Bewirtschaftung und Preiskontrolle zu verbinden sei. Denn es war ja gerade, wie gezeigt, die verzerrte Preisstruktur, die es den Unternehmen unmöglich machte, zuverlässig zu kalkulieren. Wenn demnach durch eine rigide Preiskontrolle nach der Geldreform die Preise daran gehindert worden wären, sich auf ihr richtiges Niveau einzupendeln, hätte das Preissystem nach wie vor nicht als Richtungsgeber für komplexe Unternehmensentscheidungen dienen können. Diese wären also nach wie vor unmöglich gewesen, was das Aufkommen von dynamischem Wachstum verhindert hätte. *Walter Eucken* umschrieb den Sachverhalt 1947 ziemlich lapidar, wenn er meinte, ohne Rechenmittel als Lenkungsinstrument, d. h.

ohne ein funktionstüchtiges Geld und darin ausgedrückte realistische Preise, sei die Produktion überhaupt nicht zu steigern.[38]

So erwies sich die Währungsreform gerade durch ihre Verknüpfung mit der Einführung von Marktsteuerung in weiten Bereichen der Wirtschaft in der Tat als Initialzündung für den anhaltenden Wirtschaftsaufschwung in Westdeutschland. Dadurch erst konnte nämlich das ohne Zweifel vorhandene große Produktionspotential zur Wirkung gelangen, und so erst wurden die hohen Wachstumsraten, die für eine erfolgreiche Rekonstruktionsperiode kennzeichnend sind, möglich. Denn daß das deutsche Wirtschaftswunder tatsächlich Züge eines Rekonstruktionsprozesses nach *Jánossy* zeigte, darin ist *Abelshauser* wohl doch zuzustimmen.

38 Institut für Zeitgeschichte, Archiv, Depositum Hans Möller, Protokoll der Sitzung der Sonderstelle Geld und Kredit mit Wissenschaftlern am 6.11.47.

Ernst-Moritz Lipp[1]

Deutsche Reform-Ideen als modernes exportfähiges Modell?

Wirtschaftspolitische Fehlentscheidungen und wirtschaftliche Krisen waren gerade in den letzten Jahren in einer Reihe von Ländern der Anlaß, nach den Bedingungen des deutschen Aufschwungs in der Nachkriegszeit zu fragen. Politiker und Wissenschaftler aus der Bundesrepublik sind dabei häufig bevorzugte Gesprächspartner und Berater, weil man von ihnen erwartet, daß sie Konzepte für eine neue Ordnungspolitik und Wirtschaftspolitik aus den deutschen Erfahrungen heraus am besten unterstützen können. Tatsächlich unterscheiden sich die Ausgangsbedingungen in solchen Ländern zwar in den meisten Fällen beträchtlich von denen des deutschen Wirtschaftsraumes nach 1948. Meistens gab oder gibt es aber eine Teilmenge von gemeinsamen Problemen, die es nahelegen, auf die deutschen Reformerfahrungen zurückzugreifen. Allerdings war es immer angebracht, vor der Illusion zu warnen, das deutsche „Wirtschaftswunder" ließe sich so an anderem Ort wiederholen. Fünf Fälle sind erwähnenswert:

Die wirtschaftlichen Erfolge *Südkoreas* seit Anfang der 60er Jahre stehen teilweise im Zusammenhang mit flankierenden wirtschaftspolitischen Maßnahmen der südkoreanischen Regierung. Die Regierung griff zwar immer wieder in den Wirtschaftsablauf ein und setzte auch Planvorgaben und Anordnungen als Steuerungsinstrument ein. Aber marktwirtschaftliche Elemente haben immer eine bedeutende Rolle gespielt und gewannen mehr und mehr an Gewicht. Insgesamt steht Südkorea als erfolgreiches Schwellenland wenige Jahre vor seinem OECD-Beitritt. Liberalisierungsmaßnahmen sind jedoch noch in vielen Bereichen erforderlich. Auch im Schwellenland Südkorea ist das *know-how* deutscher Berater somit noch gefragt.

In *Argentinien* ging es Mitte der 80er Jahre in erster Linie um die wirtschaftlichen Folgen des Falkland-Krieges und einer seit Jahrzehnten überregulierten Wirtschaft: hohe Staatsverschuldung, bankrotte Staatsbetriebe, Überschuldung des Landes nach außen, zurückgestaute und offene Inflation.

In *Bolivien* standen weniger Kriegsfolgen im Vordergrund. In diesem Land war die jahrelang zurückgestaute Inflation Anfang der 80er Jahre in eine offene Hyperinflation umgeschlagen. Die Wirtschaft war in einen offiziellen und in einen

1 Ich danke Herrn Böss, Frau Dr. Cretu und Herrn Niederreiter – alle international erfahrene Volkswirte der Dresdner Bank – für wertvolle Anregungen und Unterstützung.

inoffiziellen Teil auseinandergebrochen. Die meisten Konsumgüter und Produktionsgüter waren nicht mehr gegen Landeswährung zu tauschen, sondern nur noch gegen Dollar oder gegen andere Waren. Die Staatsverschuldung war enorm gestiegen, und die Bürger wurden gezwungen, ihre Ersparnisse in Staatstiteln anzulegen oder über besondere Bankeinlagen den Prozeß des Zwangssparens zu unterstützen.

Indien steht stellvertretend für ein Entwicklungsland, in dem weitere ordnungspolitische Änderungen von größter Wichtigkeit wären. Reglementierungen im binnenwirtschaftlichen Bereich und eine extreme Abschottung von den Auslandsmärkten sind seitens der Regierung als entwicklungshemmend erkannt worden. Bislang fehlen jedoch grundlegende Ansätze bei der Inflationskontrolle, beim Abbau des Staatsdefizits und der Auslandsverschuldung. Der hohe Bevölkerungszuwachs macht mittelfristig auch sozialpolitische Reformen unumgänglich.

Die *Volksrepublik China,* die ich als letztes Beispiel anführen will für den Wunsch, deutsche Reformideen zu importieren, hat mit den Problemen der lateinamerikanischen Länder, aber auch mit denen Südkoreas und Indiens wenig gemeinsam. Dort dominiert das Interesse, eine Zentralverwaltungswirtschaft zumindest teilweise auf marktwirtschaftliche Organisationsformen umzustellen. Die Reorganisation des Bankenapparats und die Herstellung eines funktionierenden Kapitalmarktes sind wichtige Ziele dieses Reformprogramms. Die ideologische Verhärtung und die militärische Intervention im Frühjahr 1989 bedeuten vermutlich eine Verlangsamung des Reformprozesses, nicht aber das Ende.

Bei der Auswahl dieser fünf Fälle war das jeweils sehr unterschiedliche Ausmaß an ordnungspolitischen Neuerungen ein wichtiges Kriterium. Dabei wurde nicht unterschieden, ob sich Reformbestrebungen durchsetzten oder der Erfolg ausblieb. Aus heutiger Sicht ist Südkorea innerhalb der Gruppe der betrachteten Länder sicherlich das erfolgreichste Land. Demgegenüber mangelte es in Argentinien trotz oder wegen des relativ weitgehenden Reformkonzepts an der Durchsetzung. China steht erst am Beginn eines wirtschaftlichen Reformprozesses. In den Entwicklungsländern Bolivien und Indien haben sich erste Reformansätze indessen schon bewährt. Vorneweg läßt sich ohne Übertreibung sagen, daß es in den letzten vierzig Jahren kein Land mehr auf der Welt gegeben hat, welches sich zu so radikalen Reformmaßnahmen entschlossen hat, wie das Ende der 40er Jahre bei uns der Fall war.

Der Fall Bundesrepublik Deutschland in den ersten Jahren nach 1948

Es wäre zu einfach, zu behaupten, die Möglichkeit radikaler Reformmaßnahmen habe Ende der 40er Jahre allein an der extremen wirtschaftlichen und politischen Situation gelegen. Die von mir genannten Länder sind teilweise ebenfalls in einer desolaten wirtschaftlichen und politischen Verfassung. Vielmehr lag es an den deutschen Wirtschaftspolitikern der „ersten Stunde", die aus der damaligen Situation und den historischen Erfahrungen die richtigen Schlüsse zogen –

vorneweg der Wegbereiter *Ludwig Erhard.*[2] Eine wichtige Voraussetzung für das Wirtschaftswunder war jedoch auch die allmählich zunehmende Akzeptanz der wirtschaftspolitischen Maßnahmen durch die Bevölkerung. Den liberal denkenden Wirtschaftspolitikern kam dabei die Wiederaufbaumentalität der deutschen Bevölkerung nach Jahren der Entbehrung und der politischen Unterdrückung entgegen. Hätte sich *Erhard* mit seiner Politik der freien Preis- und Wettbewerbsordnung nicht gegen mannigfaltigen Widerstand durchgesetzt, so wäre die D-Mark stark gefährdet gewesen. Die Warenpreise hätten sich auf dem Markt nicht aufgrund von Angebot und Nachfrage ergeben, sondern wären staatlich reglementiert geblieben. Die D-Mark wäre damit wahrscheinlich zu einem neuen Bezugsschein verkümmert.

Das Wirtschaftswunder profitierte auch von fiskalpolitischen Maßnahmen, die hauptsächlich auf Finanzminister *Fritz Schäffer* zurückzuführen sind. Die Finanzpolitik der ersten Jahre nach 1948 kann dabei in zwei Phasen aufgeteilt werden. In der ersten Phase bis etwa 1952 mußte der Bund zunächst Kredite aufnehmen. Die Konjunktur erhielt dabei wichtige Impulse von der staatlichen Konsumnachfrage. Allerdings schlugen die Besatzungskosten und andere Kriegsfolgelasten in den ersten Jahren mit 80 % der Gesamtausgaben zu Buche. Im zweiten Stadium, in der Zeit von 1953 bis 1956, erzielte der Bund trotz Steuersenkungen sogar erhebliche Überschüsse im Budget. Für die sich ansammelnden Reserven wurde der Begriff vom „Julius-Turm", in Anlehnung an den Julius-Turm in Spandau, in dem nach dem deutsch-französischen Krieg 1870/71 Reparationszahlungen in Gold eingelagert wurden, geprägt.

Die Zurückhaltung bei den Staatsausgaben bzw. das Unterlassen weiterer Steuererleichterungen zog teilweise Kritik auf sich. Allerdings kann in dieser Disziplin im nachhinein eine ordnungspolitische Einstellung gesehen werden. Hätte der Bund zu dieser Zeit eine expansive Fiskalpolitik betrieben, so wäre bei starker Konjunktur eine anhaltende Preisauftriebstendenz nicht auszuschließen gewesen. Finanz- und Währungspolitiker arbeiteten somit Hand in Hand.

Generell umfaßte die wirtschaftspolitische Liberalisierung alle Wirtschaftsbereiche – vor allem auch den Außenhandel. Von 1950 bis 1955 erhöhte sich der Anteil der deutschen Exporte am Sozialprodukt von 11 auf 20 %. Die liberale Öffnung im Außenhandel machte sich insbesondere im steigenden Anteil am Welthandel bemerkbar. Betrug der Anteil des deutschen Außenhandels am Welthandel 1950 noch 3,9 %, so lag er 1955 bereits bei 6,6 %.

Eine nicht zu unterschätzende Voraussetzung für die spannungsfreie Entwicklung des deutschen Nachkriegsbooms war neben den Wirtschaftsreformen die Sozialpolitik mit ihren neugestalteten Institutionen. Nach *Ludwig Erhard* und vor allem auch *Müller-Armack* war Wirtschaftspolitik ausgehend von einer Gesamtordnungsidee zu formulieren. Diese Gesamtordnungsidee ist uns heute als „Soziale Marktwirtschaft" bekannt. Angesichts des immensen Anstiegs der Erwerbsbevöl-

---

2 Vgl. dazu auch die Beiträge *Schlesinger, Möller* und *Schiller.*

kerung durch den Flüchtlingszustrom und des massiven Nachfrageüberhangs waren Wirtschafts- und Sozialpolitik voneinander auch nicht trennbar.

Den Wohlstandsgewinn teilweise umzumünzen in eine soziale Sicherung für alle – im Alter, bei Krankheit und bei Arbeitslosigkeit –, das hat den Wiederaufstieg der deutschen Wirtschaft langfristig abgesichert. In vielen Ländern, die wegen ihrer wirtschaftlichen Probleme unter Reformzwang stehen, gibt es ein solches langfristiges Denken, eine Gesamtordnungsidee, nicht. Deshalb scheitern Teilreformen häufig.

Der Fall Südkorea

Die Zeit der Instabilität in Südkorea zu Beginn der 50er Jahre nach dem Koreakrieg mündete 1962 in eine wirtschaftliche Aufbauphase, die bis heute anhält. Diese Phase war schon von einer in den Grundzügen marktwirtschaftlichen Wirtschaftsordnung gekennzeichnet. Schon 1962 brachte der damalige Präsident *Park Chung Hee* die wirtschaftspolitische Ausrichtung auf den Nenner: „maximaler Wettbewerb und minimale Planung". Die Absicherung gegenüber Nordkorea sowie der Aufbau und die Unterhaltung eines großen Militärapparates bedingten allerdings trotz dieser Devise teilweise erhebliche planerische Eingriffe in das Wirtschaftsgeschehen. Die starke Stellung des Staates in der südkoreanischen Wirtschaft resultierte auch aus der Tatsache, daß nach Beendigung der japanischen Kolonialherrschaft der überwiegende Teil der von den Japanern aufgebauten Unternehmen in öffentlichen Besitz übergingen. Noch heute spielt der Staat bei der Lenkung der Großkonglomerate durch Instrumente wie Devisenzuteilung und Exportförderung eine wichtige Rolle. Die Konglomerate, auf koreanisch *Chaebol,* erwirtschaften derzeit etwa 80 % des Bruttosozialprodukts, die fünf größten Gruppen sogar über 40 %. So wurde auch während des gesamten Zeitraums des bisherigen südkoreanischen „Wirtschaftswunders" der Begriff „Wettbewerb" eher auf die Konkurrenz zwischen Südkorea und dem Ausland und nicht auf das Verhältnis einheimischer Betriebe untereinander angewandt. Die Klein- und Mittelindustrie spielte bislang nur eine untergeordnete Rolle in der staatlichen Wirtschaftspolitik. Für den Mittelstand gab es Schutzmaßnahmen wie Einfuhrverbote, aber keine Politik, die diese Unternehmen stärkte, obwohl die Regierung schon in den 60er Jahren erste Überlegungen der Förderung anstellte.

Nach wie vor steht in Südkorea eine Abkehr von planerischen Eingriffen aus, sowohl binnenwirtschaftlich gesehen als auch im Verhältnis zum Ausland. Im Inland ist die Wettbewerbsordnung zu reformieren. Ansätze dazu sind in der schon 1978 gegründeten „Small and Medium Industry Promotion Corporation" zu erkennen, die der Mittelstandsförderung dienen soll. Allerdings fehlen derzeit noch weitgehende Reformen in der Kartellgesetzgebung, die Zukäufe der *Cheabol* verhindern und ihre Marktmacht zurückdrängen. Außerdem müßte die Ordnungspolitik in Südkorea nunmehr verstärkt auf die Demokratisierungswünsche der Bevölkerung, hauptsächlich der Arbeitnehmer und des Mittelstandes, eingehen. Wirtschaft und Politik sind auch in Südkorea untrennbar.

Im Verhältnis zum Ausland sind es vorrangig die fehlende Konvertibilität des *Won* und die Öffnung des inländischen Kapital- und Aktienmarktes für Ausländer, die zu schrittweisen Reformen Anlaß geben. Der *Won* ist noch nicht frei konvertierbar. Das praktizierte *managed floating* gegenüber dem US-Dollar, das aufgrund der hohen Leistungsbilanzüberschüsse praktiziert wird, ist ein erster Schritt zur Konvertibilität der südkoreanischen Währung. Auch die geplante Liberalisierung des Aktienmarktes von 1992 an und die bis zu diesem Zeitpunkt schon angestrebte langsame Öffnung der Finanzmärkte dürfte eine Aufnahme Südkoreas in den Kreis der westlichen Industrieländer vorantreiben.

Der Fall Argentinien

Der von der argentinischen Regierung am 14. Juni 1985 verkündete *Austral-Plan* bestand aus folgenden Entscheidungen:

- Preisstopp für die Dauer von 4 Monaten und Lohnstopp bis auf weiteres,
- starke Verminderung des Staatsdefizits und Entkopplung von staatlicher Neuverschuldung und Geldschöpfung durch die Notenbank,
- Emission einer neuen Währung *Austral*: 1 *Austral* = 1000 alte *Pesos,*
- Stabilisierung des Wechselkurses bei einer Parität von einem *US-Dollar* = 0,80 *Austral.*

Die argentinische Regierung hat sich nicht an die von deutschen Beratern vorgeschlagene Therapie gehalten, Löhne und Preise freizugeben und die Geldversorgung der Volkswirtschaft nach stabilitätspolitischen Gesichtspunkten zu steuern. Sie hat aber auch nicht den von *Hans Möller* beschriebenen Weg einer Währungsreform beschritten, der eine Reduktion der nominellen Geldvermögen vorsieht, sei es durch Abwertung mit nachträglichem Lastenausgleich, sei es durch eine Vermögensabgabe, bei der der Lastenausgleich zugleich mit der Geldvermögensabgabe erfolgt, sei es durch eine vorübergehende Blockierung von Geldvermögen, der dann eine der beiden vorgenannten Maßnahmen später zu folgen hätte. Dieser Weg der Abwertung von Geldvermögen hätte aufgrund der Zerrüttung der argentinischen Staatsfinanzen infolge des vorangegangenen Falkland-Krieges und langjähriger finanzpolitischer Fehlentscheidungen durchaus nahegelegen. Ein solcher verteilungspolitisch mutiger Schritt ist in Argentinien allerdings nicht durchsetzbar. Ein Grund besteht darin, daß viele Argentinier Geldvermögens- oder Sachvermögenswerte im Ausland halten, die von einer Währungsreform unberührt bleiben würden. Hier liegt ein Moment der Ungerechtigkeit im Verhältnis zu den Bürgern, die Forderungen gegen den Staat oder gegen inländische Gläubiger halten. In dieser Hinsicht ist die Ausgangslage im Vergleich zur deutschen Situation nach 1945 sehr unterschiedlich, als Auslandsvermögen weitgehend verlorengingen. Andererseits eröffnen die Auslandsvermögen für ein Reformprogramm, welches den Namen verdient, durchaus gute Zukunftsperspektiven. Denn im Falle einer Repatriierung der Auslandsgelder könnte Argentinien einen enormen Kapitalzufluß verbuchen und wäre nicht in vollem Umfang auf die Bereitschaft von ausländischen Unternehmen, Banken und Regierungen angewiesen, Kapital nach Argentinien zu importieren.

Selbst das Minimalprogramm des *Austral-Plans* hat die argentinische Regierung nicht lange durchgehalten. Sie hat keine disziplinierte Finanzpolitik durchgesetzt. Im Jahr 1987 betrug das Staatsdefizit 7 % des Bruttoinlandsprodukts, angepeilt worden war ein ausgeglichenes Budget. Eine Schließung oder Sanierung der defizitträchtigen öffentlichen Unternehmen ist unterblieben. Die Geldschöpfung hatte sich im Zuge des *Austral-Plans* zwar verlangsamt, blieb im Grunde jedoch nach wie vor außer Kontrolle: Die Geldmenge verdoppelte sich in den Jahren 1986 und 1987. Der Stopp von Preisen und Löhnen konnte nicht aufrechterhalten werden, und der Wechselkurs war alsbald so stark überbewertet, daß der Außenhandel rasch ins Ungleichgewicht geriet. Das argentinische Reformexperiment ist gescheitert. Die Wirtschaftsbeziehungen und die Bankenbeziehungen zu Argentinien stehen heute vor einer neuen Belastungsprobe. Der Nachfolger von *Raul Alfonsin,* Staatspräsident *Carlos Menem,* hat eine bankrotte Wirtschaft übernommen. Argentinien besitzt praktisch keine Devisenreserven mehr und ist erheblich in Zahlungsverzug. Das Vertrauen der Argentinier in die Wirtschaftspolitik ihrer Regierung ist erschüttert und nur durch einen Bruch mit dem staatskapitalistischen Denken der Vergangenheit wiederherzustellen.

Der Fall Bolivien

Bolivien ist auf dem Weg aus der Krise. Unter den Entwicklungsländern weist das Land eine besonders schwierige Situation auf. Es gehört zu den Rohstoffexporteuren, deren Austauschverhältnis mit dem Ausland sich besonders ungünstig entwickelt hat, nicht zuletzt nach dem Zusammenbruch der Zinnpreise im Jahre 1985. Das Land hat in den Jahren 1984 und 1985 eine Hyperinflation erlebt mit Inflationsraten, die im Frühjahr 1985 Jahresraten von nahezu 2000 % erreichten. Externe Schocks und internes wirtschaftspolitisches Mißmanagement sind in Bolivien in unheilvoller Weise zusammengetroffen. Die schwerste Hypothek ist die weitgehende Desintegration der Wirtschaft in einen kleinen offiziellen und einen großen inoffiziellen Teil.

Im Herbst 1985 trat der neue gemäßigte Präsident *Victor Paz Estenssoro* mit einem Reformprogramm seine Präsidentschaft an, welches von deutschen Experten mitentwickelt und unterstützt wurde. Dieses Programm zielte auf eine radikale Senkung des Staatsdefizits durch Dämpfung der Staatsausgaben und durch eine Steuerreform, die dem Staat nach der Aushöhlung der vorangegangenen Jahre eine neue Einnahmebasis schaffen sollte. Die Geldschöpfung sollte unter Kontrolle gebracht werden. Eine Reorganisation des Bankensystems und eine Wiederbelebung des Kapitalmarktes gehörten ebenfalls zum Programm. Die unrentablen staatlichen Betriebe, die nicht zuletzt dazu dienten, bestimmten Gruppen von Arbeitnehmern und Unternehmen Privilegien zuzuschanzen, wurden geschlossen. Geschlossen wurden auch mehrere staatliche Zinnminen, die keine Zukunftsperspektiven mehr hatten. Das war der für das Bergbauland Bolivien dramatischste Schritt.

Die Wirtschaftsreform sollte zweierlei bewirken: Erstens hoffte die Regierung auf die Rückkehr von Auslandskapital, welches für die Entwicklung des Landes dringend benötigt wird. Zweitens zielte die Regierung darauf, das Warenangebot in der offiziellen Wirtschaft zu steigern und das Arbeiten und Investieren in der Landwirtschaft und im verarbeitenden Gewerbe wieder attraktiver zu machen und zwar im Vergleich zu den bis dahin bei weitem attraktiveren Tätigkeiten im spekulativen Tauschhandel mit Waren und Drogen.

Im Unterschied zu Argentinien hat *Victor Paz* in Bolivien sein Programm im großen und ganzen durchgesetzt. Möglicherweise wird es auch nach dem Wechsel im Präsidentenamt im Jahre 1989 bei den Grundlinien der Politik der letzten Jahre bleiben. Die Erholung der Wirtschaft ist auf der erreichten niedrigen Basis von Einkommen und Produktion in Gang gekommen. Es hat auch erhebliche Rückflüsse von bolivianischem Auslandskapital gegeben. Dennoch wird der Erholungsprozeß viele Jahre dauern, da Bolivien nicht an seine alten Stärken, die im Bergbau liegen, anknüpfen kann, sondern seiner Wirtschaftsstruktur ein völlig neues Gesicht geben muß. Gerade in den Sektoren mit Wachstumspotential, im Agrarbereich und im verarbeitenden Gewerbe, sind die internationalen Handelsschranken aber sehr hoch. Der Strukturwandel erzwingt die Wanderung von Arbeitnehmern aus dem Andenhochland in die heißen Ebenen im Westen des Landes. Hinzu kommt, daß die jahrelange Abwanderung von gut ausgebildeten Fachleuten und Managern einen nicht zu unterschätzenden Engpaß bei der mittelfristigen Umsetzung der neuen Strukturpolitik darstellt.

Der Fall Indien

In Indien steht bislang noch eine umfassende Wirtschaftsreform aus. Im Falle Indiens handelt es sich, ähnlich wie in Südkorea, um einen Reformprozeß in Schritten. Allerdings waren es in Indien sehr kleine Schritte, die zusätzlich noch durch Schocks, wie z. B. die Dürre im Jahre 1987, unterbrochen wurden. Indien steht damit auch für ein Entwicklungsland, in dem übergreifende Reformen notwendig wären. Nicht, daß es an ordnungspolitischen Ideen fehlt oder gar an in- und ausländischen Beratern. Vielmehr mangelt es an der Durchsetzung der Ideen durch die indischen Politiker.

So blieb schon der Wirtschaftsliberalisierung durch *Indira Gandhi* Anfang der 80er Jahre ein durchschlagender Erfolg verwehrt. Allerdings wurden damals einige politische Vorstellungen umgesetzt, wie z. B. die Privatisierung einer kleinen Anzahl von Staatsbetrieben und Erleichterungen beim Warenimport. Auch Ministerpräsident *Rajiv Gandhi* gelang es bislang nicht, eines der von den

Wirtschaftsverbänden und den heimischen Nationalökonomen geschnürten alle Wirtschaftsbereiche umfassenden Reformpakete durchzusetzen. Zum einen lag dies an anderen politischen Prioritäten, wie z. B. am Sri-Lanka-Engagement, zum anderen aber hauptsächlich an der Kritik aus den eigenen Reihen. Die Beamten fürchten, durch Reformen, wie die Privatisierung weiterer Staatsbetriebe, an Einfluß zu verlieren. Auch die Abschaffung der Investitionskontrollen für inländische Betriebe und die Öffnung im Außenhandel würden den staatlichen Dirigismus und damit die Einflußmöglichkeiten der Bürokratie reduzieren.

Neben einer allgemeinen Wirtschaftsreform stehen wichtige sozialpolitische Entscheidungen an. Insbesondere die Errichtung eines funktionsfähigen Sozialversicherungssystems ist angesichts einer jahresdurchschnittlichen Bevölkerungswachstumsrate von 2,1 % dringlich. Bei einer Gesamtbevölkerung von ca. 800 Mio. Einwohnern sind die etwa 70 Mio. Arbeitslosen besorgniserregend. Insgesamt fehlt der indischen Wirtschaft eine stärkere Teilhabe am Weltmarkt. Eine stärkere Öffnung nach außen durch Abschaffung der staatlichen Reglementierungen scheint in Indien angesichts einer Exportquote von nur 7,5 % geboten. China, das in den Augen indischer Wirtschaftspolitiker in starker außenwirtschaftlicher Konkurrenz zu Indien steht, verzeichnet nach wenigen Jahren der Öffnung derzeit schon eine Exportquote von rund 12 %. Eine Spitzenrolle der hier diskutierten Länder nimmt Südkorea mit einem Ausfuhranteil am Sozialprodukt von knapp 45 % ein.

Indien ist ein Beispiel dafür, daß Einkommenschancen vertan werden, wenn sich die Wirtschaft nicht nach außen öffnet. In entwicklungspolitischen Debatten ist nicht selten zu hören, eine Abschottung vom Weltmarkt schütze auch vor dessen Unwägbarkeiten. Für ein Land wie Indien mit erheblichem wirtschaftlichen, insbesondere auch industriellen Potential ist der Preis in Form des Verzichts auf Einkommensgewinn sowie Abbau von Arbeitslosigkeit und Armut allerdings hoch. Wir kennen die Probleme, die sich die sozialistischen Staaten mit ihrer bürokratischen Steuerung und Isolation vom Weltmarkt eingehandelt haben. Erneut ist der Bezug zur Bundesrepublik interessant, die besonders konsequent bei der außenwirtschaftlichen Öffnung war, zu den am stärksten vom Weltmarkt abhängigen Industrieländern zählt, aber auch mit den höchsten Lebensstandard hat.

Der Fall China

In China ist die Ausgangslage für den Import von deutschen Reformideen anders als in Lateinamerika, Südkorea oder Indien. Hier geht es nicht um die Beseitigung der Folgen von Krieg, externen Schocks oder inflationärer Mißwirtschaft, sondern um die teilweise Umstellung eines Wirtschaftssystems von einer Zentralverwaltungswirtschaft auf eine mehr marktwirtschaftliche Entwicklung. Die Volksrepublik China ist bestrebt, in einem überschaubaren Zeitraum von einigen Jahren eine neue Wirtschaftsstruktur zu etablieren, in der verstärkt Marktsignale und Markttechniken Orientierung für die Unternehmen bieten sollen anstelle des bisherigen starren Plan-Korsetts. Der am 12. April 1988 zu Ende gegangene 13. „Nationale

Volkskongreß" betonte in diesem Zusammenhang die zunehmende Bedeutung der *indirekten* Steuerung der Wirtschaft über Geldpolitik und Zinsen. Um die festgesetzten Ziele zu erreichen, ist eine umfassende Neuordnung des gesamten Geld- und Kreditwesens vorgesehen, in die neben den Ratschlägen der internationalen Organisationen auch Erfahrungen aus anderen Ländern, wie etwa der Bundesrepublik nach 1945, eingehen. Man kann durchaus von einem regelrechten Boom der wirtschaftspolitischen Beratung sprechen, aus der die Chinesen versuchen, die für sie am besten geeigneten Ideen herauszufiltern und umzusetzen.

Die Volksrepublik China ist in einem tiefgreifenden Wandlungsprozeß, dessen Folgen noch nicht abzusehen sind. Seit 1987, als die chinesische Regierung den gegenwärtigen Reformkurs einleitete, ist das „Reich der Mitte" das größte gesellschaftliche und ökonomische Laboratorium der Welt geworden. Die permanente Revolution wurde durch permanentes Experimentieren ersetzt. Ein stetiges Schwanken zwischen so extremen Polen wie Dezentralisierung und Rezentralisieren, mehr Freiheit auf Betriebsebene und wachsende Allzuständigkeit in Peking, massive Hereinnahme von Auslandskapital und plötzlicher *austerity* waren typisch für die letzten zehn Jahre. Dies ist keine Besonderheit des Jahres 1989. Die strategischen Ziele sind ehrgeizig: In einer historisch kurzen Zeitspanne soll China, wo ein großer Teil der gewerblichen Produktion bis zu hundert Jahre hinter dem heutigen Stand der Technik zurückliegt, sich von einem Entwicklungsland zu einem modernen Industriestaat wandeln. Um das zu erreichen, scheut man nicht, traditionelle kommunistische Dogmen über Bord zu werfen und einen eigenen chinesischen Weg des Sozialismus zu beschreiten. Eine Symbiose von Plan- und Marktwirtschaft wird angestrebt.

Dies gilt auch für die Neuordnung des Geld- und Kreditwesens. Ein großer Teil der Reformansätze ist erst zwei oder drei Jahre alt und braucht Zeit, um sich durchzusetzen. Verkrustete Finanzstrukturen sind nur allmählich aufzubrechen. Gerade in diesem Bereich aber ist die unorthodoxe Mischung von Elementen westlicher Wirtschaftssysteme und solcher sozialistischer Prägung auffällig. Die Entwicklung des Geld- und Kreditmarktes, des Wertpapiermarktes sowie die Liberalisierung der Devisenwirtschaft stehen indessen erst am Anfang. Es wird sicher noch geraume Zeit vergehen, bevor das Finanzwesen der Volksrepublik den Ansprüchen einer sich allmählich modernisierenden Volkswirtschaft entspricht, bevor die indirekte Steuerung der Wirtschaft über Geldpolitik und Zinsen Realität wird.

In erster Linie wird die Stärkung der Zentralbankfunktionen angestrebt. Das Bankwesen der Volksrepublik kennt eine Trennung von Zentralbank und Geschäftsbanken erst seit dem Herbst 1983. Auf Beschluß des Staatsrates wurde die Aufgabe der „People's Bank of China" (PBoC) als Zentralbank neu definiert, und die bis dahin von ihr wahrgenommenen Geschäftsbankaufgaben wurden verlagert. Sie ist jetzt Notenemissionsinstitut und *fiscal agent* bei Finanztransaktionen des Staates; sie steuert die Liquidität der Banken, die Devisenreserven und die Edelmetallbestände, und sie fungiert als Aufsichtsorgan für die in- und ausländischen Banken. Seit Anfang 1985 kann die Zentralbank auch Mindestreservesätze festlegen. In den Händen des Staatsrats bleibt noch die letztinstanzliche Entscheidung über die Gründung neuer Banken. In den letzten Jahren hat die PBoC mit den ihr zur Verfügung stehenden Instrumenten allerdings die Geld- und Kreditpolitik nicht in den Griff bekommen. Die Erweiterung des Selbstverwaltungsrechts für Gebietskörperschaften und Unternehmen seit Oktober 1984 sowie die Förderung der Eigenverantwortung und der privaten Initiative haben große Wachstumskräfte freigesetzt. Der Boom der Investitionen und des privaten Verbrauchs hat einen Importsog ausgelöst, der zu einer nachhaltigen Passivierung der Handelsbilanz und zu einem Abbau der Währungsreserven geführt hat. Die PBoC hat seit Mitte 1985 und verstärkt seit Herbst 1988 verschiedene geld- und kreditpolitische Vorschriften erlassen, um die Kreditgewährung und die Ausweitung der Geldmenge sowie die Auslandsverschuldung unter Kontrolle zu bringen. Das ist ihr jedoch nur teilweise gelungen. Das Schuldenmanagement wird nicht nur durch die Kompetenzaufsplitterung zwischen drei staatlichen Behörden – Finanzministerium, Staatliche Planungskommission, Zentralbank – erschwert, sondern in erster Linie dadurch, daß im Rahmen des Dezentralisierungsprozesses die meisten kommerziellen ausländischen Darlehen von chinesischen Unternehmen, Provinzen oder Banken aufgenommen wurden und nur in Ausnahmefällen mit einer staatlichen Garantie ausgestattet sind. Ein Teil der Kreditaufnahme konnte sich deshalb der statistischen Erfassung und staatlichen Kontrolle entziehen. Um dieser Situation entgegenzuwirken, ist seit Ende 1988 wieder eine staatliche Bewilligung für Kreditaufnahmen im Ausland nötig. Ohne Bewilligung seitens der People's Bank of China ist eine Darlehensaufnahme bei ausländischen Banken oder bei chinesischen Finanzinstitutionen im Ausland verboten.

Die wichtigsten Schritte bei der Reform des Geld- und Kreditsystems sind allerdings auf der Ebene der Geschäftsbanken zu tun. Der frühere Parteichef *Zhao Ziyan* bezeichnete die Bankenreform als „Schlüsselwerk" des gesamten Reformplanes. Die seit 1949 bestehende Monopolstellung der Spezialbanken soll aufgehoben werden. Die Förderung der Konkurrenz und die Verbreitung der geschäftlichen Basis der Banken sind Ziele der Bankenreform. Deshalb ist die Zulassung von mehreren hundert neuen Finanzierungsinstituten mit Handelsbankfunktionen in Aussicht gestellt. Der Bankenapparat, einschließlich bankähnlicher Institutionen, soll zur Belebung der heimischen Kapitalmärkte beitragen durch Ausgabe von Pfandbriefen und Schuldscheinen, durch Nutzung der Möglichkeiten auf den internationalen Finanzmärkten, durch eine bessere Mobilisierung von Inlandsspareinlagen, durch eine effizientere Prüfung von Kreditanträgen und ein risikobewußtes Management des Obligos, durch Übernahme von Leasing-, Treuhand- und Konsultinggeschäften.

Mit dem Voranschreiten der Wirtschaftsreform versuchte die politische Führung, den für sozialistische Staaten typischen vertikalen Strom von Finanzmitteln, die – durch Zwangsabgaben erhoben – von staatlichen Stellen zugeteilt werden, durch ein System der horizontalen Mittelverteilung mit marktmäßigen Kriterien zu ergänzen oder zu ersetzen. Abgesehen von wichtigen Großprojekten der Infrastruktur soll innerhalb eines gesamtwirtschaftlichen Kreditrahmens dezentral über Finanzierungen entschieden werden. Über die noch von staatlichen Stellen kommenden Mittel hinaus können die Banken auf eigene Initiative um Einlagen werben und diese Mittel auf dem Kreditweg Unternehmen und Genossenschaften zur Verfügung stellen. Die Kreditinstitute sollen in diesem Zusammenhang erhöhtes Augenmerk auf ihre Unternehmenskundschaft richten und sich das Recht zur Ablehnung von Kreditanträgen vorbehalten, falls der Kunde nicht kreditwürdig zu sein scheint. Je nach der Bonität des Kreditnehmers können die Banken unterschiedliche Zinssätze berechnen. Bei der Gestaltung der Zinssätze, sowohl für Kredite als auch für Einlagen, müssen die Banken lediglich den von der Zentralbank festgelegten Mindest- oder Maximalzinssatz berücksichtigen. Das Nebeneinander von staatlichen Fördermitteln und dezentraler Transformation von Ersparnissen in Investitionen, das Nebeneinander der sehr unterschiedlichen Finanzierungsbedürfnisse im agrarischen und im industriellen Bereich sowie die erst ganz am Anfang stehende Herstellung eines funktionierenden Interbankenmarktes und Wertpapiermarktes, das alles sind Entwicklungen, die im derzeitigen Experimentierstadium eine Einladung darstellen, positive ausländische Erfahrungen und Reformideen in die chinesische Entwicklung einzubringen.

Die galoppierende Inflation und die Überhitzung der Wirtschaft, gekoppelt mit wieder ansteigenden Außenhandelsdefiziten, veranlaßten die Regierung, ihr Reformtempo zu drosseln. Schon im September 1988, also lange vor der militärischen Intervention, beschloß das Zentralkomitee der KP Chinas eine Rezentralisierung der Wirtschaftsführung, die Aussetzung der Preisreform, verstärkte Kredit- und Investitionskontrollen, neue Verordnungen für den Handel sowie andere Maßnahmen zur Dämpfung des Wirtschaftswachstums und der Inflation. Damit wurde die dritte Konsolidierungsphase seit Beginn der chinesischen Reform der wirtschaftlichen und sozialen Strukturen und der Öffnungspolitik eingeleitet. Sie wird die Entwicklung in den Jahren 1989 – 1990 prägen. Mangels genügend ausgebauter makro-ökonomischer Steuerungs-Instrumente wird versucht, durch eine straffere zentrale Lenkung die ausufernde Wirtschaftsentwicklung wieder in Griff zu bekommen. Falls die „weiche Landung“ der überhitzten Wirtschaft glückt, kann China aus ökonomischer Sicht Anfang der 90er Jahre mit neuen Kräften seine Reformpolitik fortsetzen, denn, trotz des derzeitigen Rückschlags, hält die Regierung an ihren strategischen Zielen fest. Dezentralisierung, Eigenverantwortung und Marktmechanismen einzuführen bedeutet gleichzeitig auch, daß die politische Führung mit einer politischen Liberalisierung einverstanden sein muß. Das gilt auch für China. Offenbar ging die wirtschaftliche und politische Öffnung Teilen der alten politischen Führung zu schnell, der Abbau der Privilegien war zu schmerzhaft, und es gab außerdem die beschriebenen objektiven Fehlentwicklungen in der Wirtschaft. Längerfristig wird der Erneuerungsprozeß aber nicht aufzuhalten sein. Die Konsolidierungsphase wird eines Tages zu Ende gehen. Die Voraussetzungen für einen langfristigen wirtschaftlichen Erfolg sind von der

Mentalität, der Wirtschaftsstruktur und vom regionalen Umfeld Chinas her günstiger als in der Sowjetunion.

Kann der Export ordnungspolitischer Reformideen weltwirtschaftliche Integration fördern und Desintegration aufhalten?

Die Faszination, die für Länder im Umbruch bis heute von der deutschen Währungsreform ausgeht, könnte zu einigen Hoffnungen berechtigen: Die deutsche Währungsreform, die marktwirtschaftliche Ordnung und die Institutionen, die nach dem Zweiten Weltkrieg entstanden sind, stehen für eine ordnungspolitische Idee, die wir als eine der wichtigsten Grundlagen für unsere wirtschaftlichen Erfolge und für unseren heutigen Wohlstand ansehen. Die Tatsache, daß eine Reihe von Ländern versucht, solche ordnungspolitischen Rahmenbedingungen zu schaffen und sich auch in den internationalen Beziehungen für eine liberale Wirtschaftsordnung einzusetzen, könnte für die Zukunft der Weltwirtschaft optimistisch stimmen. Eine solche Schlußfolgerung ist aber zu relativieren:

1. Es wird übersehen, daß die Voraussetzungen für den wirtschaftlichen Erfolg in der Bundesrepublik nach 1948 völlig andere waren, als das heute in den Entwicklungs- und Schwellenländern der Fall ist. Gute ordnungspolitische und währungspolitische Rahmenbedingungen sind eine notwendige, aber keine hinreichende Bedingung für eine erfolgreiche Entwicklung.

2. Wo Inflation und eine desolate Angebotssituation die Folgen langjähriger wirtschaftspolitischer Fehlentscheidungen sind, da reicht es nicht aus, einige wichtige Ordnungselemente eines wirtschaftspolitisch erfolgreichen Landes zu importieren, um so zu wirtschaftspolitischem Erfolg zu kommen. Solche Experimente müssen scheitern, wenn Reformen nur halbherzig angegangen werden und politisch keine Chancen bestehen, Anreizstrukturen zu ändern und in bestehende Eigentumsrechte einzugreifen.

Wer heute im internationalen Geschäft oder in der internationalen Politik Entscheidungen mit mittelfristigen Konsequenzen für sein Unternehmen oder für sein Land zu fällen hat, muß Szenarien formulieren und Risikofälle definieren. Das gehört heute zu einer verantwortlichen Risikosteuerung und ist eine Management-Aufgabe von hohem Rang. Für die Formulierung solcher Szenarien sind Überlegungen, wie wir sie hier anstellen, sehr wertvoll. Welchen Weg werden die Länder der wichtigsten Wirtschaftsregionen in den nächsten Jahren gehen? Wohin entwickelt sich die weltwirtschaftliche Ordnung? Wird es künftig mehr ordnungspolitische Gemeinsamkeiten oder mehr Konfrontationen zwischen Industrieländern und Entwicklungsländern geben?

Es ist keine übertriebene Vorsicht, auch ein Szenario zu berücksichtigen, in dem sich einzelne Länder und Regionen der Welt von der allgemeinen Entwicklung abkoppeln und nicht mehr in der Lage sind, so eng mit uns zusammenzuarbeiten wie bisher. Kaum vorstellbar ist, daß einer der „vier kleinen Tiger", insbesondere das betrachtete Südkorea, sich gegenüber der politischen und wirtschaftlichen Entwicklung in anderen Ländern abschottet. In Südkorea, Hongkong, Taiwan und Singapur verbesserte die Öffnung zum Weltmarkt die gesamtwirtschaftliche Lage zu stark, als daß dies eintreten könnte. Künftig dürfte das auch für Thailand und Indonesien gelten. Auch im Falle Indiens ist nicht an eine Abkoppelung zu denken, vielmehr dürften sich verstärkt wirtschaftliche und politische Erfolge nach einer weiteren Liberalisierung des Außenhandels einstellen.

Demgegenüber ist eine Desintegration lateinamerikanischer Länder vorstellbar. Die gängige These, wir müßten ungefähr zehn Jahre Anpassungsprozeß durchstehen, und dann könnten wir für die meisten lateinamerikanischen Länder mit neuer Dynamik rechnen, diese These kann falsch sein. Die Entwicklungsprobleme Lateinamerikas sind möglicherweise nicht Elemente einer vorübergehenden Krise, die durch Politikfehler, Überschuldung und Rohstoffpreis-Baisse ausgelöst wurden. Einige Kenner Lateinamerikas vertreten heute die Auffassung, die Fehlentwicklungen seien über hundert Jahre alt, zu einem wesentlichen Teil hausgemacht, und es seien immer nur kurze Phasen der Prosperität in einzelnen Ländern gewesen, die die negativen Tendenzen zeitweilig unterbrochen hätten. Insbesondere das weltweit inflatorische Wachstum der 70er Jahre habe Lateinamerika zu einer Scheinblüte verholfen. Als Gründe für den langfristig ungünstigen Trend werden angeführt:

- Mißwirtschaft, Korruption, Paternalismus, Kultur, Klientel-Wirtschaft,
- die starke Verknüpfung wirtschaftlicher und politischer Interessen,
- der zentralistische Führungsstil, verbunden mit einer Zerstörung der Regionen, ihrer Identität, ihrer Autonomie, ihrer Verantwortung und ihres Entwicklungspotentials,
- die ineffiziente und schwerfällige Bürokratie,
- die Zerstörung des Gemeinwohl-Gedankens und ein Verfall der politischen Moral,
- das mangelnde Engagement der Eliten für ihr eigenes Land und deren geringe Bereitschaft, zur Lösung der Entwicklungsprobleme beizutragen,
- die unkontrollierte Bevölkerungsentwicklung,
- die sozialpolitisch und entwicklungspolitisch auf Dauer unhaltbare Verstädterung,
- die umweltpolitische Gleichgültigkeit, verbunden mit dem Risiko künftiger Umweltkatastrophen.

Die Verteilungskämpfe in den lateinamerikanischen Ländern könnten sich in den nächsten Jahren verschärfen. Dasselbe gilt für die Machtkonflikte zwischen rivalisierenden Eliten (teilweise nur wenigen Familien in einem Land), die keine Mittel scheuen, sich von Zeit zu Zeit die Macht von Regierungsämtern zu verschaffen, um sich am öffentlichen Geld zu bereichern. In labilen Situationen könnten diese Eliten immer wieder den Konflikt nach außen suchen, mit Nachbarländern, mit ihren Gläubigern und mit Industriestaaten. Denn damit können sie sich innenpolitisch für begrenzte Zeit eine bessere Position schaffen.

In einem pessimistischen Szenario ist damit zu rechnen, daß die Demokratisierung der letzten Jahre abrupt zu Ende geht. Auch in einzelnen großen Schwellenländern kann es wieder neue Militärdiktaturen geben. Dabei ist es keineswegs so, wie eine gängige Meinung glauben machen will, daß Militärdiktaturen Forderungen von Banken oder Geschäfte der Industrie sicherer machen. Militärdiktaturen sind genauso unberechenbar wie demokratische Regierungen in Lateinamerika, und in der Vergangenheit haben sie vielfach den Grundstein für spätere gravierende Fehlentwicklungen gelegt.

In einem solchen Szenario ist nicht viel Platz für die Vorstellung, daß wir in den nächsten Jahren in den meisten lateinamerikanischen Ländern eine durchgreifende Veränderung wirtschaftspolitischer Rahmenbedingungen sehen werden. Selbst Lateinamerikaner sehen heute in einer deutlichen Senkung des Schuldendienstes oder in einem etwas stärkeren Wachstum der Weltwirtschaft in vielen Fällen nicht mehr den Schlüssel zu wesentlich besseren Perspektiven für ihre Länder. Es wäre eine Illusion, zu glauben, daß die innenpolitischen Probleme sich schon lösen werden, wenn erst einmal die externen wirtschaftlichen Bedingungen stimmen. Wie in Asien, so werden sich mit der Zeit aber auch in Lateinamerika einzelne Länder erfolgreich absetzen können. Es ist noch nicht klar, welche dazugehören werden.

In ähnlicher Weise müßte man sich ein Zukunftsbild von den großen kommunistischen Ländern zeichnen, die damit begonnen haben, marktwirtschaftliche Ideen einzuführen und sich für die weltwirtschaftliche Integration zu öffnen. Der negativen Perspektive lateinamerikanischer Desintegration steht möglicherweise die positive Perspektive der verstärkten Integration von seiten der kommunistisch regierten Ländern gegenüber. Hierbei geht es in erster Linie um China und um die Sowjetunion, wobei ich mich hier auf China konzentriert habe. Denn im Falle Chinas geht es stärker als im Falle der Sowjetunion um den Import von ordnungspolitischen Ideen, wie sie für unsere Währungs- und Wirtschaftsreform kennzeichnend waren. Im Unterschied zur Sowjetunion kann man die Entwicklung in China kaum noch als einen geordneten, von der Partei zentral gesteuerten Übergang zu neuen Wirtschaftsformen bezeichnen. Alte bürokratische Strukturen sind in Auflösung begriffen. Die neue Kompetenzverteilung ist in vielen Wirtschaftsbranchen noch nicht klar erkennbar. Regionale politische Führungen und Unternehmensleitungen ergreifen immer stärker die Initiative und nutzen die neuen Spielräume, in vielen Fällen sicherlich stärker, als das von der politischen Führung in Peking gewünscht ist. Die Mentalität der Menschen, die Verwaltung und die Führungsinstrumente der Unternehmen sind auf die Herausforderung dezentraler Entscheidungen noch nicht eingerichtet.

Aber es gibt Anzeichen, daß dies alles eine „produktive Unordnung" ist. Die Eigeninitiative der Menschen ist geweckt und bricht sich Bahn. Der in Gang gesetzte Prozeß der Liberalisierung und Dezentralisierung ist nicht mehr zurückzudrehen. So sehen das auch viele Chinesen in der Volksrepublik und investieren oder suchen sich Partner für neue Geschäfte oder schließen sich Unternehmen und Genossenschaften an, von denen sie sich eine bessere Zukunft versprechen. Die militärische Intervention im Mai 1989 ist nicht das Ende dieses Gesamtprozesses.

Es ist eher wahrscheinlich, daß der Reformprozeß eines Tages wieder intensiviert wird. In diesem Fall könnte China einen guten Teil seines Entwicklungspotentials in den nächsten zehn Jahren mobilisieren. Und das wären im Vergleich zu anderen Entwicklungsregionen der Welt beeindruckende Größenordnungen. Wegen der Rivalitäten sowie der historischen Berührungsängste mit Japan und wegen der vorsichtigen Haltung gegenüber den USA könnten die europäischen Länder in der Entwicklung Chinas eine besondere Rolle spielen.

Auch bei den Zukunftschancen der reformbereiten kommunistischen Länder ist eine vorsichtige und differenzierte Beurteilung angebracht. Schon *Walter Eucken,* ebenfalls ein Wegbereiter der deutschen Wirtschaftsordnung, bezweifelte das Erfolgsrezept der marktwirtschaftlichen Umstrukturierung kommunistischer Länder. In der ersten Ausgabe der Zeitschrift „Ordo" schrieb er 1948: „Es hat wenig Sinn, . . . den Versuch zu machen, unvereinbare Arten der Staatsverfassung und der Wirtschaftsordnung in der gleichen Verfassung festzulegen." Dieser Satz wird auch in Zukunft richtig sein. Die ökonomischen Krisen in den kommunistischen Ländern, die Aufklärung durch ausländische Medien und die abnehmende Bereitschaft, sich bevormunden und ausbeuten zu lassen, erhalten den Druck in Richtung auf durchgreifende Systemänderungen.

Anhang

Dokument 1: Deutscher Vorschlag für eine Währungsreform, Memorandum für General Clay, 5. 3. 1948, National Archives Record Group 260

Office of Military Government for Germany (U.S.)

Office of the Finance Adviser
Berlin, Germany
APO 742

MEMORANDUM TO: General Lucius D. Clay 5 March 1948
SUBJECT: German Proposal on Financial Reform.

1. Attached (Enclosure 1) for your information is a translation of a financial reform proposal prepared by the "Special Committee (Sonderstelle) for Monetary and Credit Matters" of the Bizonal Economic Council. This Committee has since been replaced by another group containing political representatives, in line with the desire of Economic Council leaders to obtain more direct participation in any financial reform negotiations with the occupying powers.

2. It is therefore not clear whether the attached plan represents official German thinking. However, the plan is regarded with some favor by British representatives, and therefore may be worth bringing to the attention of the Civil Affairs Division, and the State and Treasury Departments.

3. The table at Enclosure 2 summarizes the proposed results of the "Sonderstelle" Plan as regards currency circulation and the banking system. It will be noted that:

a. Free deposit liabilities of the banking system would be covered to more than 100 percent by cash or reserve deposits, which would result in the credit system escaping from control after the conversion.

b. Blocked or "fixed" accounts would be covered by a so-called "stabilization loan", and would be carried as a liability of the banking system in the new currency. It would thus be politically impossible to resist demands for unblocking, whether advisable or not.

c. Mortgages and mortgage bonds would be carried over into the new currency at their nominal value. Thus, along with a large part of the private debt, they would not be written down in accordance with the devaluation of the currency. Undue enrichment would accrue to holders, and would prejudice the future savings structure of Germany to the detriment of sound monetary policies.

d. Nominal value of capital invested in bank stock would be more than covered by remaining assets, so that those who invested in the bankrupt banking system would probably come off best of all. This is neither politically nor economically desirable.

4. The basis of the "Sonderstelle" proposal is the recognition of the Reich debt by exchange of 100 percent of Reich debt holdings new claims against an equalization fund. Recognition of the Reich debt is not merely a political blunder, but is also a sure commitment to future inflation. The Reich debt, including claims against the Reich for war damages, is simply too great and too uncertain in amount to be liquidated in any way other than by repudiation.

5. The Sonderstelle proposal falls in the general category of German financial reform plans known as "liquidation" Plans: assets and liabilities, fictitious or not, money, goods, bank deposits, real estate, Reich debt, war damage claims, external asset claims, personal property, are "thrown into one pot". The "assets" of Germany are then compared with the "liabilities" of Germany, a "liquidation quota" is drawn up, and the "assets" used to pay off the "liabilities". This type of scheme, by virtue of its thoroughness and cosmetic equity, appeals to the German mind. It gives the hope to war losers that all conceivable losses will be taken care of, that they will get their full fair share. At the same time, it promises to the relatively wealthy a means of escaping from any real new burden, since they may pay off at least part of equalization levies in "assets" which have long ceased to represent any real value to themselves. Administratively, of course, a full and fair settlement of all the relative changes in position which have resulted from the war is an obvious impossibility. A mere registration of claims and reconstitution of records would, if it were possible, require a large proportion of the able-bodied manpower of Germany.

6. There are two aims in a financial reform: (a) Economic necessity; a cut in the amount of money in circulation so as to stabilize the monetary system, and (b) justice; an equalization of losses among various classes of the citizenry. The two are not mutually exclusive, but an excess of one may well result in failure to achieve the other. Thus, devotion only to stabilization of the monetary system would dictate an across-the-board cut in cash holdings or claims to cash (in 1923 this was done in Germany at a ratio of 1,000,000,000,000 to 1) without regard to the heeds or rights of the holder. Conversely, too great an emphasis on justice would lead to minimizing nominal losses to a point which might leave an excess of money or of politically enforceable claims to money in the economy, and thus defeat the purpose of currency reform. In the covering letter to the "Sonderstelle" proposal, the avowal is made that the second purpose has been given primacy: "2. One of the most important premises in the Sonderstelle Plan is that the equalization of burdens which is to be carried through for social equity should not be made appreciably difficult or even impossible as a result of the purely monetary measures."

In other words, the Sonderstelle proposes to leave sufficient money or claims to money in the economy to make payment of an equalization levy easy, or at least not appreciably difficult. Since any equalization levy which really equalizes the gross discrepancies in Germany *must* be appreciably difficult, the Sonderstelle plan must lead to inflation if in nominal appearance it equalizes without in practice being difficult. As usual, inflation is the easy way out, the depreciation of nominally large claims to wealth until actually they can be paid easily with very little cost in terms of real wealth.

7. The Allied interest in financial reform is also twofold:

a. The present inflationary situation in Germany is a direct cost to the U.S. and U.K. taxpayer; it prevents economic recovery sufficient to make Germany self-supporting, and leads to wasting a large part of relief expenditures through leakage into black markets and by permitting recipients to exist unproductively. Until it is corrected, Germany is and will remain a sink-hole for relief funds. Insofar as it is not fully corrected, Germany will continue to be a bottomless pit for appropriated money.

b. The present inflationary situation in Germany is the seed ofgrave social and political dangers; as in many European countries inflation will breed radical disorder and social dissolution if it is not checked in time. The present strikes in the Ruhr are only a foretaste. Since monctary reform is therefore a political as well as an economic problem, considerations of equity must be given due weight in our plans.

8. But, if Military Government must choose, between the two objectives, it is obvious that the former must have primacy. Without economic recovery, without elimination of inflation, concessions to equity as regards the past will be of little weight as against the inequities which will spring up currently in the future. The social harm inflation does is two-fold: It causes a redistribution of property between classes which is permanent, even after the inflation ends. But while it is in progress it causes a running redistribution of income, so extreme that the memory does not disappear for generations. The former may lead to weakness of future governments. The latter leads to strikes and riots, and may lead to the downfall of present governments. The former can be ameliorated by equalization schemes and property levies. The latter can be cured only by eliminating inflation. Thus, apart from our immediate obligation to prevent waste of taxpayer's money, we have an immediate coterminous obligation to prevent chaos. Both require primacy for the objective of economic necessity, stabilization of the monetary system.

9. It is therefore felt that the acceptance of the "Sonderstelle" Proposal in its present form would be contrary to our instructions and would not be in keeping with Military Government's responsibilities. Introducing an equalization measure which cannot possibly pay for itself is even more dangerous than not having an equalization measure at all. It inevitably gives rise to political pressures to make it work at any cost, to make it work *nominally,* which means to make it work by inflation. "Converting" the Reich debt and the worthless nominal purchasing power into claims against an equalization fund means reawakening hopes and demands which have long been dead. The reason they have died is because it is obvious that there is too much money, and it is obvious that the Reich debt cannot be paid. Issuing liquidation certificates now, declaring now that they are a charge against an equalization fund, means a revival of the dead Reich debt in another name. The experience of surrounding countries shows that whatever claims are permitted to survive a currency reform measure, even in a deferred status, are eventually liquidated at the cost of the stability of the currency. Reaffirmation of all possible claims at the moment of currency reform is, therefore, the height of folly, since the purpose of currency reform is to destroy irrevocably the excess of claims. In fact, the reason for a drastic scaling down of nominal claims to purchasing power, an operation known as a monetary reform, is that the fiscal and monetary system can no longer even pretend to be able to satisfy them without embarking on inflation. Insofar as the monetary reform does not do this, it does not eliminate the threat of inflation.

JACK BENNETT
Finance Adviser to
The Military Governor

Dokument 2: Protokoll der Plenarsitzung im Konklave Rothwesten vom 11. 3. 1948, Handakten Hans Möller

Dienstag, 11. Mai 1948
9.00–12.30 Uhr Plenarsitzung mit den Herren Bluecher, Kriedemann, Pferdmenges, Erhard und Hartmann

Bericht von *Bernard* über die Entwicklung der Arbeiten im Camp. Es sei offenkundig, daß sich die Militärregierungen nicht an die Abmachungen gehalten hätten. Das in Frankfurt bereits erwähnte „Interimsgesetz", das als Notgesetz für den Fall eines vorzeitigen russischen Vorgehens gedacht gewesen sei, habe sich als die einzige Konzeption der Alliierten erwiesen, worüber nach der am 30. 4. 1948 stattgefundenen Aussprache mit Mr. Bennett kein Zweifel mehr bestehe. Seine Frage an die Politiker, ob Mr. Bennett in der Zeit zwischen der Eröffnung des Camp und dem 30. 4. 1948 noch einmal mit ihnen verhandelt habe, wurde einstimmig verneint. Bernard betonte, daß er die Frage gestellt habe, weil in der Besprechung am 30. 4. 1948 dieser Eindruck entstanden sei.

Es folgt eine ausführliche Schilderung des Kampfes der Sachverständigen für eine andere Lösung und über die Vorgänge des 30. 4. 1948, die den Anlaß für die Einladung an die Politiker gebildet hätten. Auf Grund der Vorgänge des 30. 4. 1948 sei ein Protest-Memorandum von den Sachverständigen ausgearbeitet, bisher aber noch nicht an die Militärregierungen übergeben worden. Sodann wurde das von *Wrede* verfaßte Memorandum über die politischen Gefahrenpunkte der alliierten Konzeption verlesen. Die bisherige Arbeit der Sachverständigen habe darin bestanden, das alliierte Gesetz in deutsche Gesetzessprache zu bringen, eine Durchführungsverordnung zu entwerfen und in einzelnen Punkten (z. B. Trennung der Auszahlung des Kopfbetrages von der Ablieferung von Noten und der Anmeldung der Konten) ihre Ansichten durchzusetzen. Ein zweites Hauptgesetz, das die Regelung der Freiquote, die Schuldenregelung und die Reorganisation der Banken zum Inhalt habe, sei in Vorbereitung, und über wesentliche Punkte, wie die Schuldenregelung und die bevorzugte Freigabe der kleineren Konten ohne vorherige finanzamtliche Nachprüfung, seien nicht ganz aussichtslose Verhandlungen mit den Militärregierungen im Gange.

Zum Schluß stellte Bernard die Frage der Verantwortung der deutschen Stellen, die trotz der von Mr. Bennett beabsichtigten Erklärung nicht aus der Welt zu schaffen sei, betonte aber, daß er, unter sachlichen Gesichtspunkten gesehen, den alliierten Entwurf bei allen Mängeln namentlich in der Bemessung der Quoten im ganzen für eine wohlüberlegte Konzeption halte.

Die Ausführungen der *Politiker* kreisten um die Frage der Kopfquote, deren Festsetzung aus sozialen Gründen für verfehlt gehalten wurde, die den Sparwillen der kleinen Sparer ungünstig beeinflussen müsse und die öffentliche Hand schon in der allerersten Zeit vor neue, kaum zu lösende Aufgaben stelle, um die ungewisse Quote (20%), die zusammen mit der Freiquote unerfüllbare Hoffnungen auf eine 30%ige Entschädigung im Rahmen des Lastenausgleichs erwecken würde (Blücher) und um die Unmöglichkeit, die ungewisse Quote als Kredit-Unterlage zu verwenden, was notwendigerweise zu erheblicher Arbeitslosigkeit führen müsse (Erhard). Auf Seiten der Sachverständigen ergriff insbesondere Hielscher in die Diskussion ein und bat die Herren des Währungsausschusses, gegen die falsche Grundkonzeption der leidigen Freiquote zu kämpfen. Im Verlaufe der Diskussion stellte sich heraus, daß Hielscher den Herren des Währungsausschusses am Vorabend ein schriftliches Memorandum über diese Frage überreicht hatte.

Da die Meinungen auf deutscher Seite nicht einheitlich waren, beschloß man, die Vertreter der Militärregierungen, die auf eine Unterredung mit den Herren des Währungsausschusses und den Sachverständigen warteten, um eine Aufschiebung bis 2 Uhr nachmittags zu bitten. Zu diesem Zwecke wurde die Sitzung um 10.30 Uhr unterbrochen. An die Mitteilung schloß sich eine einstündige Besprechung der Herren Bernard, Bluecher, Kriedemann, Pferdmenges und Erhard mit Mr. Tenenbaum, Mr. Cook und M. Lefort an.

Die folgende Diskussion kreiste darum, ob man für eine 5%ige Freiquote, einen 50,– DM betragenden, nicht anrechenbaren Kopfbetrag und eine nachfolgende leichtere Kreditgewährung kämpfen wolle, wobei man sich bei der letzteren Forderung gegenüber dem Homburger Vorschlag (Sola-Wechsel-Aktien) etwas bescheiden müsse. Bei dieser Gelegenheit wurden die Verfechter der 5%-Quote (vor allem Hielscher, Erhard) von anderen Sachverständigen (Wrede) auf die Gefahr hingewiesen, die sich möglicherweise aus dem alliierten Zugeständnis in der Quotenfrage erheben würde, wenn keine Erleichterungen in der Kredit-Politik eintreten würden. Am Schluß der Sitzung schälte sich der folgende Vorschlag heraus:

5% Freiquote, 50,– DM (nicht-anzurechnende Kopfquote). – 15% Festquote, die im Gesetz der Militärregierungen als *bindende* Verpflichtung deutscher Stellen begründet werden solle.

Offen blieb die Frage, ob man ihre Behandlung als Kreditunterlage fordern, oder sich nach anderen Deckungsmöglichkeiten (z.B. die im Zusammenhang mit der Einfuhr stillgelegten Gelder oder Übereignung der für die 15% ausgegebenen Kapitaltitel an die Banken) umsehen solle. Gegenüber der weitgehend optimistischen Einstellung der Herren des Währungsausschusses und Hielschers wurde mit Nachdruck aus dem Kreise der Sachverständigen (Bernard, Möller) betont, daß die Alliierten erklärt hätten, die 15% *nicht* im Gesetz der Militärregierungen zu regeln und daß, selbst wenn sie Inhalt der deutschen Gesetzgebung werden würden, die Militärregierungen die Genehmigung versagen könnten.

14.00–19.00 Plenarsitzung mit den Politikern

Verteilung von Pfleiderers Memorandum über die Regelung der privaten Schuldverhältnisse, dessen Vorlage an die Militärregierungen beschlossen und das in der nachfolgenden Sitzung übergeben wurde.

Bernard forderte mit Nachdruck, daß die Sachverständigen über die Vorschläge, die die Politiker den Militärregierungen machen würden, unterrichtet werden möchten, falls sich diese Vorschläge nicht mit dem Inhalt des Homburger Planes decken sollten. Man einigte sich auf den folgenden von Budczies entworfenen Vorschlag:
50,– DM Kopfquote ohne Anrechnung auf die Freiquote; 5% Freiquote, Freigabe 5% aller auf Vordruck B angemeldeten Beträge ohne vorherige finanzamtliche Nachprüfung, Freigabe von 250,– DM für den Haushaltsvorstand und 100,– DM je Familienmitglied der auf Vordruck A angemeldeten Beträge ohne vorherige finanzamtliche Nachprüfung. 15% Festquote, umwandelbar in Kapitaltitel, an denen die Banken notfalls ein Pfandrecht als zusätzliche Kreditsicherheit haben sollten.

Über die Frage, ob man sich über die allgemeine Kreditpolitik nach der Reform, insbesondere über die Zinssätze mit den Amerikanern unterhalten müsse (von Pfleiderer als dringlich verlangt, von Hielscher aus taktischen Gründen abgelehnt) konnte keine Einigung erzielt werden.

15.00 Eintreffen von Mr. Tenenbaum, Mr. Cook und M. Lefort

Erhard entwickelte den Standpunkt und die Forderungen des Währungsausschusses:
1. das alliierte Gesetz spalte ein Gesamtprogramm in einzelne Teilmaßnahmen auf,
2. die 10%ige Freiquote sei zu hoch, da keine gütermäßige Untermauerung bestehe (5 bereits ein Kompromiß aus 0–10),
3. die Kopfquote von 25,– DM zu niedrig und unsozial,
4. aus den unter 2–3 genannten Maßnahmen werden sich anfangs deflatorische, später inflatorische Tendenzen entwickeln,
5. die laufende Produktion, einschließlich der Kapitalgüterproduktion, dürfe keine Störungen erfahren; deshalb müsse das neue Kreditbedürfnis der Wirtschaft befriedigt werden,
6. die unter 5. genannte Forderung lasse sich bei einer Beschränkung nur auf Handelswechsel nicht verwirklichen, zumal die Verwendung von Handelswechseln die Unternehmungen mit großen Hortungsbeständen bevorzuge und diejenigen mit geringen Beständen benachteilige,
7. die Geldumstellung und nachfolgende Kreditpolitik müßten in Übereinstimmung mit dem Marshall-Plan sein.

Mr. Tenenbaum ging im einzelnen auf die genannten Punkte ein, die er wie folgt zu widerlegen versuchte:
1. die Aufspaltung sei notwendig, weil man den Deutschen die Regelung des Lastenausgleichs übertragen wolle; die Geldumstellung könne man ihnen wegen des Fehlens einer trizonalen Regierung nicht in die Hand geben. Wenn die Deutschen an der Regelung des Lastenausgleichs nicht selbst interessiert seien, würden die Militärregierungen ihre Entscheidungen zurücknehmen.
2. Der Marshall-Plan habe die Aufgabe, zunächst eine neue Basis für den Wiederaufbau zu schaffen und werde Mittel nur denjenigen zur Verfügung stellen können, die eine stabile Währung hätten.
3. Offenbar erscheine den Deutschen eine 5%ige Freiquote zu niedrig, eine 10%ige dagegen zu hoch, es sei nicht erkennbar, *wo* die tatsächliche Quote liegen solle. Im übrigen sei der alliierte Vorschlag von 10% ein Kompromiß zwischen 10 und 20%, und es sei denkbar, daß bei Ablehnung von 10% durch die Deutschen die Alliierten sogar auf 15 oder 20% gehen würden.
4. Die Meinung, daß die 5 oder 10%, oder welche Freiquote auch immer man zugestehe, durch die Enthortung ihre gütermäßige Deckung finden würden, sei unrichtig. Es komme darauf an, ob man Vertrauen schaffen könne oder nicht.
5. Die Arbeitslosigkeit, insbesondere in der Kapitalgüterindustrie, sei unvermeidbar, wenn man keine neue Inflation machen wolle. Die Währungsreform habe u.a. die Aufgabe, die z.Zt. überdimensionierte Kapitalgüterindustrie zu beschränken und dic Konsumgüterindustrie zu stärken.

6. Alle hinsichtlich der 15% gemachten Vorschläge seien unannehmbar. Was beliehen werden könne, sei nicht blockiert. Man müsse in der Kreditpolitik hart sein, was Überbrückungsmaßnahmen nicht ausschließe. Allein für die öffentliche Hand seien etwa 2 Mrd. DM vorgesehen.
7. Die Freiquote als solche sei uninteressant. Man könne auf 5, 10 oder gar 15% gehen, müsse aber jede Ausdehnung des Kreditvolumens auf Grund der 15% ausschalten.

Sodann erklärte er, daß er bereit sei, entweder schriftliche oder mündliche Aufträge der Deutschen hinsichtlich einer 5%igen Freiquote mit nach Berlin zu nehmen, halte es aber für ausgeschlossen, daß in der Frage der Verwendung der 15% als Kreditunterlage Zugeständnisse gemacht würden. Im übrigen wies er darauf hin, daß die Frage der Kreditpolitik zur Zuständigkeit der BdL gehöre. Man müsse abwarten, wie sich die Lage entwickeln werde, und es sei möglich, daß es Situationen geben könne (an die er allerdings nicht glaube), in denen es zweckmäßig sei, daß die BdL ohne Solawechsel das Geld kistenweise herauswerfe.

Die nachfolgende Diskussion diente der Klärung einiger Mißverständnisse. Vor allem wurde darauf hingewiesen, daß auch deutscherseits eine Einschränkung der Kapitalgüterproduktion für notwendig gehalten werde, daß man aber eine Kredithilfe für die sich in der Produktion befindenden Konsumgüter schaffen müsse. Mr. Tenenbaum machte die Deutschen darauf aufmerksam, daß, selbst wenn ihr Vorschlag hinsichtlich der Kopfquote von den Alliierten genehmigt würde, der Betrag aus technischen Gründen nicht auf einmal ausgegeben werden könne.

Um 16.30 baten die Deutschen, sich untereinander besprechen zu dürfen, worauf die alliierten Vertreter die Sitzung verließen. Bluecher stellte die folgende Lösung zur Diskussion: Behandlung der Freiquote und Kopfquote wie bereits von Erhard gefordert und Entscheidung über die 15% ausschließlich durch die Deutschen, wogegen Bernard die Forderung erhob, daß die 15% unbedingt im Militärregierungsgesetz verankert werden müßten. Die Herren Kriedemann und Erhard stimmten dem Vorschlag von Bluecher zu. Auf seiten der deutschen Sachverständigen waren die Meinungen geteilt. Die eine Gruppe (vertreten von Hielscher und Pfleiderer) glaubte, daß es genüge, wenn die Deutschen für die Entscheidung durch deutsche Stellen und für eine liberale Kreditpolitik kämpfen würden, die andere (vertreten von Bernard und Möller) wies auf das doppelte Risiko hin, das darin bestehe, daß niemand der hier anwesenden Herren eine Garantie für die Entscheidung der deutschen Parlamente übernehmen könne und daß die Militärregierungen das Recht hätten, dieser Entscheidung ihre Genehmigung zu versagen.

Da keine Einigung erzielt wurde, bat Bernard die Politiker um 17.15 Uhr sich zu entfernen, damit die Sachverständigen sich noch einmal untereinander besprechen könnten. Er wies, unterstützt insbesondere von Wrede, auf die ungeheure Verantwortung hin, ein alliiertes Angebot von 10% auszuschlagen und sich für nur 5% zu entscheiden, und stellte die folgende Abstimmungsfrage:

> „Wer würde sich damit abfinden, daß die Festquote vorläufig ein unausgefülltes ‚Etwas' ist, das erst durch eine Entscheidung deutscher Stellen Leben gewinnen soll?"

Ergebnis:

6 Stimmen dafür,
2 Stimmen dagegen (Bernard, Möller),
2 Stimmenthaltungen (Bussmann, Windlinger).

Bei der darauffolgenden Abstimmung darüber, ob man die unbestimmte Quote auf 25% festsetzen solle, ergaben sich

4 Stimmen dafür,
4 Stimmen dagegen (Dudek, Hielscher, Bussmann, Möller),
1 Stimmenthaltung (Windlinger).

Den um 18.00 Uhr zurückkehrenden Politikern wurde mitgeteilt, daß die Sachverständigen damit einverstanden seien, daß eine 5%ige Freiquote gegeben und die auf 25% festzusetzende Festquote der Entscheidung deutscher Stellen überlassen werde. Nach anfänglicher Diskussion nahmen die Politiker den Vorschlag an, wobei die sofortige und einmalige Auszahlung der 50 DM Kopfquote als unerläßliche Bedingung angesehen wurde. Im übrigen wurde der Wunsch der Herren des Währungsausschusses, noch einmal ins Konklave zu kommen, vorläufig damit beantwortet, daß Bernard und Pfleiderer, die am 20. Mai in Frankfurt sein werden, eine Besprechung mit dem Ausschuß ankündigten.

Den inzwischen zurückgekehrten Vertretern der Militärregierungen erklärte *Bluecher,* daß die deutschen Stellen um folgendes bäten:

1. einen 50 DM betragenden, nicht-anrechenbaren Kopfbetrag,
2. eine 5%ige Freiquote,
3. Überlassung der Entscheidung über das Schicksal der 25%igen Festquote an deutsche Stellen, die verpflichtet werden sollten, innerhalb einer bestimmten Frist diese Entscheidung herbeizuführen.

In seiner Antwort erklärte Mr. *Tenenbaum,* daß die jetzige Fassung im Militärregierungsgesetz die Regelung der 20% innerhalb von sechs Monaten vorsehe, daß aber die Frage, von wem diese Regelung zu treffen sein werde, offenbleiben müsse, weil noch keine trizonale gesetzgebende Körperschaft bestehe. Er äußerte sein Befremden über die Forderung der Deutschen, nachdem die Herren vom Währungsausschuß in einer früheren Besprechung die Verantwortung über die 80% ausdrücklich abgelehnt hätten, worauf sich die Herren vom Währungsausschuß verpflichtet fühlten, einige Erklärungen abzugeben. *Kriedemann* betonte, daß er auch heute noch zu seinen Ausführungen stehe, Bluecher, daß hier ein Mißverständnis vorliege. Die Einwendungen hätten sich nicht darauf bezogen, die Entscheidung in die Hand deutscher Stellen überhaupt zu legen, sondern nur darauf, daß eine solche Stelle möglicherweise nach sechs Monaten noch gar nicht bestehe. Darauf forderten die Politiker erneut, die deutschen Stellen verantwortlich zu machen, mit der Begründung, daß sie dem deutschen Volk gegenüber die Verantwortung für eine härtere Lösung als sie im alliierten Vorschlag enthalten sei, nur tragen könnten, wenn man ihnen die Entscheidung über die 25% in die Hand gebe. Zur Klärung der deutschen Wünsche stellte Mr. Tenenbaum die folgenden Fragen in Bezug auf die Bedingungen, die an die 5%ige Freiquote geknüpft seien:

1. Muß die Entscheidung über die Festquote in der Hand der Deutschen liegen?
2. Müssen die deutschen Behörden volle Freiheit („volle Freiheit" wurde von Mr. Tenenbaum definiert als die zur Zeit bestehende Freiheit in der Gesetzgebung, eingeschränkt durch eine alliierte Genehmigung) haben?
3. Muß die endgültige Entscheidung innerhalb von sechs Monaten erfolgen?

Die Richtigkeit dieser Bedingungen wurde ihm bestätigt. Sodann erkundigte sich Mr. Tenenbaum, warum man die 15%ige in eine 25%ige Festquote umgewandelt habe und erhielt die Antwort, daß man geglaubt habe, die Alliierten seien auf insgesamt 30% (10% + 20%) festgelegt. Dies wurde von Mr. Tenenbaum mit der Erklärung verneint, daß man nur auf 10% festgelegt sei, und seine Frage, ob die Deutschen auch eine 5%ige Freiquote in Verbindung mit einer 15%igen Festquote annehmen würden, wurde bejaht.

Mr. Tenenbaum machte darauf aufmerksam, daß aus technischen Gründen ein Kopfbetrag von 50 DM nicht an einem Tage, sondern nur in einem zeitlichen Abstand von etwa 8–10 Tagen ausgezahlt werden könne, und daß keine Möglichkeiten für die Verschiebung des Termins beständen. Auf seine Frage, ob die deutschen Forderungen hinsichtlich der Freiquote oder hinsichtlich der Schuldenregelung wichtiger seien, wurde ihm geantwortet, daß sie ein untrennbares Ganzes bilden, obwohl auf deutscher Seite darüber offensichtlich keine übereinstimmende Meinung bestand. Befragt darüber, ob die Deutschen auch an den 5% festhalten würden, wenn eine der übrigen Bedingungen nicht erfüllt werden könne, baten sie, in diesem Falle zu der 10%igen Freiquote zurückkehren zu dürfen und nicht über Bedingungen verhandeln zu müssen.

Mr. Tenenbaum versprach, die deutschen Vorschläge in Berlin vorzubringen, stellte jedoch die Forderung, daß zunächst auf der Grundlage der Bestimmungen des alliierten Gesetzentwurfes weitergearbeitet werde.

Dokument 3: Gemeinsame Erklärung der deutschen Sachverständigen vom 8. 6. 1948, Handakten Hans Möller

Deutsche Sachverständigen-Kommission *8. Juni 1948*
für die Geldreform

An
Mr. Jack Bennett
Sir Eric Coates
M. Leroi-Beaulieu

Betrifft: Erklärung der deutschen Sachverständigen zu ihrer Mitwirkung an der Geldreform.

1. Die unterzeichneten deutschen Sachverständigen haben die Entwürfe von 3 Gesetzen zur Neuordnung des Geldwesens und von 3 Durchführungsverordnungen hierzu ausgearbeitet. Außerdem ist eine größere Anzahl von Merkblättern und Richtlinien für die praktische Anwendung der gesetzlichen Regelungen fertiggestellt worden.

2. Die deutschen Sachverständigen wissen es durchaus zu würdigen, daß ihnen Gelegenheit gegeben wurde, die Fragen der Geldreform mit den Vertretern der drei westlichen Militärregierungen eingehend zu erörtern. Sie bitten aber, beim Verlassen des Konklave den Militärregierungen gegenüber noch einmal folgendes klarstellen zu dürfen:

Die Ausarbeitung der Entwürfe bedeutet nicht, daß die darin vorgesehenen Maßnahmen inhaltlich in allen wesentlichen Punkten die Zustimmung der deutschen Sachverständigen gefunden hätten. Ihrer Meinung nach hätte vielmehr die Besonderheit der deutschen Verhältnisse unter politischen, sozialen und wirtschaftlichen Gesichtspunkten eine wesentlich anders geartete Lösung verlangt.

3. Die wichtigsten Gegenvorschläge von grundsätzlicher Bedeutung, welche die deutschen Sachverständigen schriftlich und mündlich vorgebracht haben, waren die folgenden:

a) Die Kopfquote sollte auf 50 DM erhöht und auf die Freiquote nicht angerechnet werden.

b) Die DM-Freiquote sollte nur 5 Prozent der Reichsmark-Altgeldguthaben betragen. Dafür sollte die Behandlung von weiteren 15 oder 20 oder allenfalls auch von 25 Prozent der Altgeldguthaben nicht in der Schwebe bleiben, sondern bereits in den Währungsgesetzen inhaltlich geregelt werden, am besten unter Einräumung einer öffentlichen, vorläufig unverzinslichen Neugeldanleihe mit grundsätzlicher Verkaufssperre für mehrere Jahre.
Zu diesen beiden besonders schwerwiegenden Fragen wurde von den deutschen Sachverständigen am 29. April 1948 ein Memorandum überreicht.

c) Alle sonstigen Geldforderungen – ausgenommen die Ansprüche gegen das Reich und gegen die NSDAP – sollten grundsätzlich unter Vorbehalt eines angemessenen Lastenausgleichs im Verhältnis 1:1 umgestellt werden. Ein Memorandum zu diesem Punkt wurde von den deutschen Sachverständigen am 11. Mai 1948 überreicht.

d) Der Geschäftsbetrag zur Anlaufsfinanzierung der Betriebe sollte nicht als Teil der Freiquote mit der Wirkung einer prozentual unter Umständen recht hohen Aufwertung von Unternehmerguthaben, sondern als Kredit zu besonders günstigen Bedingungen gewährt werden.

e) Nach der Herausnahme des gesamten Lastenausgleichs aus der eigentlichen Währungsgesetzgebung sollte doch bereits in den Militärregierungsgesetzen den bedürftigen Geldbesitzern, die erwerbsunfähig sind und durch die Neuordnung des Geldwesens die Mittel zur Bestreitung ihres Lebensunterhalts verlieren, der Anspruch auf eine Vorzugsrente im Kapitalwert bis zu einer Deutschen Mark für je eine Reichsmark ihrer Altgeldguthaben eingeräumt werden.

4. Außer diesen weitgehenden Gegenvorschlägen haben die deutschen Sachverständigen zu dem Plan der Militärregierungen schwerwiegende Bedenken vor allem in folgenden Punkten vorgebracht:

a) Wenn sich schon eine gesamtdeutsche Währungsreform aus politischen Gründen offenbar nicht ermöglichen läßt – eine Entwicklung, die für die deutschen Sachverständigen Anlaß zu ernster Beunruhigung ist –, so sollte in den Militärregierungsgesetzen wenigstens für Berlin eine Sonderregelung getroffen werden, damit die deutsche Hauptstadt wenn irgend möglich nicht als Teil der Ostzone erscheint.

b) Die beabsichtigte Ausdehnung des Anwendungsbereichs des Militärregierungsgesetzes 53 auf die vermögensrechtlichen Beziehungen zwischen Berlin und der Ostzone einerseits und den drei Westzonen andererseits würde abgesehen von der einschneidenden politischen Bedeutung auch dieser Maßnahme die Verfügung über viele in den Westzonen gelegenen Vermögenswerte in einer wirtschaftlich kaum tragbaren Weise erschweren.

c) Eine Sonderbehandlung von Reichsmark-Forderungen ausländischer Gläubiger, wie sie in Erwägung gezogen wird, würde nicht als annehmbar betrachtet werden können.

5. Zur reinen Verfahrenstechnik ist vor allem zu bemerken, daß die Einrichtung und Führung der sogenannten Reichsmark-Abwicklungskonten, deren sinnvolle Funktion für den Fall korrekter Handhabung nicht verkannt wird, den Kreditapparat wahrscheinlich vor eine nach Ausmaß und Schwierigkeiten der damit verbundenen Arbeiten kaum zu bewältigende Aufgabe stellen wird.

6. Bei der Kürze der Frist, die bis zum mutmaßlichen Stichtag der Geldreform nur noch zur Verfügung steht, müssen die deutschen Sachverständigen leider zu der Auffassung kommen, daß die drei Militärregierungen nicht mehr die Absicht haben, den wichtigsten

Gegenvorschlägen und Einwendungen der deutschen Seite Rechnung zu tragen. Unter diesen Umständen legen die deutschen Sachverständigen zur Klarstellung ihrer Verantwortlichkeit größtes Gewicht auf folgende Feststellungen über den Gang der Verhandlungen:

a) Bei den Vorbesprechungen mit Mr. Tenenbaum und Mr. Cook in Frankfurt am 15. April 1948 ist den deutschen Sachverständigen des Vereinigten Wirtschaftsgebiets auf ausdrückliches Befragen eindeutig erklärt worden, daß ihre Aufgabe darin bestehen werde:

aa) einen als Interimsgesetz bezeichneten und als Notgesetz für den Fall eines isolierten russischen Vorgehens erläuterten Entwurf der drei westlichen Militärregierungen mit den dazugehörigen Anlagen zu übersetzen und zu überarbeiten;

bb) mit den Vertretern der Militärregierungen in eine umfassende Erörterung der gesamten Geldreform, die noch nicht bindend festgelegt sei, als Vorbereitung für eine endgültige alliierte Entscheidung über deren Grundsätze einzutreten.

Von den Mitgliedern des Währungsausschusses des Wirtschaftsrats waren die Sachverständigen im gleichen Sinne unterrichtet worden. Zu Beginn der Arbeiten im Konklave am 21. April 1948 erneuerte Mr. Tenenbaum gegenüber allen beteiligten deutschen Sachverständigen seine Erklärung vom 15. April 1948.

b) Am 30. April 1948 teilte Mr. Bennett den deutschen Sachverständigen im Konklave mit, daß die Entscheidung der drei westlichen Besatzungsmächte über folgende Grundsatzfragen bereits gefallen sei:

Für 10 Prozent des Altgeldes Umwandlung in Neugeld,

für 70 Prozent des Altgeldes Streichung,

für den Rest Herausnahme aus den Bankbilanzen und weitere Entscheidung durch deutsche Gesetzgebung,

keine Umwandlung der Ansprüche gegen das Reich,

Bankensanierung durch Bereitstellung der erforderlichen Aktiva in Form von Forderungen gegen die öffentliche Hand.

Übertragung der Gesetzgebung über den Lastenausgleich auf die zuständigen deutschen Stellen.

Änderungen in diesen Punkten würden neue Kabinettsbeschlüsse in Washington, London und Paris erforderlich machen, und hierfür fehle es an der notwendigen Zeit. Die Mitglieder des Währungsausschusses des Wirtschaftsrats seien entsprechend unterrichtet worden. Die Aufgabe der deutschen Sachverständigen bestehe darin, beratend an der Durchführung der angenommenen Grundsätze mitzuarbeiten, und zwar angesichts der Möglichkeit eines russischen Vorangehens mit äußerster Beschleunigung. In einer Verlautbarung der Militärregierungen bei Verkündung der Geldreform werde diese Beschränkung der deutschen Mitwirkung zur Entlastung der deutschen Sachverständigen von jeder Verantwortung ausdrücklich festgestellt werden.

c) Für die deutschen Sachverständigen des Vereinigten Wirtschaftsgebietes war damit eine neue Lage gegeben. Sie baten infolgedessen, die Mitglieder des Währungsausschusses des Wirtschaftsrats zu einer Aussprache empfangen zu dürfen, um im besonderen die Auffassung der politischen verantwortlichen deutschen Persönlichkeiten zur Frage der weiteren Mitwirkung der deutschen Sachverständigen an der Vorbereitung der Geldreform kennenzulernen. Der Besuch der Mitglieder des Währungsausschusses im Konklave fand in der Zeit vom 10. Mai 1948 abends bis zum 12. Mai 1948 früh statt.

Am 11. Mai 1948 trugen die Mitglieder des Währungsausschusses nach vorangegangener Aussprache mit den Sachverständigen ihrerseits die wichtigsten deutschen Gegenvorschläge den Vertretern der drei Militärregierungen, Mr. Tenenbaum, Mr. Cook und M. Lefort, zusammenfassend vor. Mr. Tenenbaum erklärte anschließend, daß die deutschen Gegenvorschläge von den zuständigen Stellen in Berlin sowie in Washington, London und Paris eingehend geprüft und beschleunigt einer Entscheidung zugeführt werden würden. Die Mitglieder des Währungsausschusses sahen daher um so weniger Anlaß, ihre bisherige Überzeugung von der Zweckmäßigkeit und Notwendigkeit des Weiterarbeitens der deutschen Sachverständigen zu revidieren.

d) Bei seinem zweiten Besuch im Konklave am 12. Mai 1948 erklärte Mr. Bennett den deutschen Sachverständigen nunmehr ebenfalls, daß alle wesentlichen deutschen Gegenvorschläge einschließlich solcher, die im weiteren Verlauf der Beratungen etwa noch gemacht werden sollten, von den zuständigen Stellen der drei westlichen Besatzungsmächte sehr sorgfältig geprüft und mit größter Beschleunigung zum Gegenstand endgültiger Entscheidungen gemacht werden würden. Inzwischen müßte die Weiterarbeit der deutschen Sachverständigen allerdings auf der Grundlage der alliierten Vereinbarungen mit Datum vom 8. April 1948 vor sich gehen.

e) Nach einer Meldung der „Neuen Zeitung“ hat der amerikanische Militärgouverneur in Deutschland, General Clay, vor kurzem ebenfalls noch erklärt, daß die deutschen Vorschläge zur Währungsreform Berücksichtigung finden würden. Bis zum heutigen Tag hat Mr. Tenenbaum jedoch den deutschen Sachverständigen keine endgültigen Entscheidungen der drei westlichen Militärregierungen zu den deutschen Gegenvorschlägen bekanntgeben können.

7. Angesichts der Auflösung des Konklave am heutigen Tage glauben die deutschen Sachverständigen, nunmehr damit rechnen zu müssen, daß ihnen ein Einfluß auf die wesentlichen Entscheidungen über Grundsätze und Methoden der Geldreform versagt geblieben ist. Sie erlauben sich daher, auf die von Mr. Bennett am 30. April 1948 gegebene Zusicherung zurückzukommen, daß zugleich mit der Verkündung der Geldreform eine Feststellung über die Grenzen der deutschen Mitwirkung an dem Reformwerk veröffentlicht werden wird. Die deutschen Sachverständigen möchten hierzu nachstehend eine Fassung vorschlagen und bitten darum, daß im Falle der Nichtannahme dieser Fassung die an deren Stelle von den drei Militärregierungen beabsichtigte Verlautbarung noch rechtzeitig mit ihnen abgestimmt wird:

„Die drei Besatzungsmächte tragen für die Grundsätze und Methoden der Geldreform in ihren Zonen die alleinige Verantwortung. Deutsche Sachverständige wurden auf Wunsch der Militärregierungen und der deutschen politischen Stellen hinzugezogen, doch konnte ihre Arbeit im Ergebnis fast nur in technischer Hinsicht zur Geltung kommen. Alle sachlich wesentlichen Gegenvorschläge der deutschen Sachverständigen mußten nach sorgfältiger Prüfung durch die zuständigen Stellen der drei Besatzungsmächte schließlich abgelehnt werden, da die Militärregierungen die Verantwortung für deren Verwirklichung nicht glaubten übernehmen zu können.“

(Karl Bernard) (Heinrich Hartlieb)
(Wolfgang Budczies) (Hans Moeller)
(Walter Bussmann) (Otto Pfleiderer)
(Walter Dudek) (Viktor Wrede)

Dokument 4: Stellungnahme des Department of State hinsichtlich der Währungsreform vom 28. 5. 1948, National Archives Record Group 260

TOP SECRET

Department of State Office May 28, 1948

Division of European Affairs

To: U – Mr. Lovett
From: EUR – Mr. Hickerson
Subject: *Currency Reform*

Berard of the French Embassy informed me that French Zone Commander-General Koenig had requested General Clay and General Robertson to postpone institution of currency reform until July 31. Stated reason was that currency reform would be difficult to apply in French Zone because of food shortage which had not yet been relieved by ERP food shipments. Currency reform would furthermore cause hardship to workers and General Koenig was devising some form of compensation and assistance for such persons who would be affected. This plan would not be ready for some time.

General Robertson had agreed to postponement of currency reform to July 1, which General Koenig had accepted. General Clay had refused and had insisted on set target date. Berard indicated that acceptance of French acquiescence in July 1 date would make it easier for French to agree to German program in London and that success of conference would likely soon result.

Although informal inquiries have recently been made whether original target date of June 1 has been changed, no advice has been received in this regard, except for an incidental reference in a London cable to date of June 10. French reference to French Zone food shortage is not correct since report recently received indicates that French had under-estimated available resources and will in fact be in a strong position following receipt of ERP shipments which may be expected immediately after signature of letter of intent early next week.

Nevertheless it is recommended that French request for postponement of currency reform, at least until July 1, be granted. First, it may promote agreement in London. Secondly, there may be some advantage in ascertaining Soviet reaction to announcement from London before over-loading the boat with separate currency reform. Third, time difference is not great and would still permit currency reform to be instituted before crop collection. The only danger is that Soviets may anticipate program by introduction of currency reform in their zone. Latest evidence on this point is contradictory – one report indicating that new currency supply is being stored in Brandenburg, whereas other reports state no detailed preparations for currency reform have been made. Above danger could be met by agreeing to postponement in western zones until July 1 on understanding that western zone commanders would press forward with all necessary preparations and would be prepared to institute currency reform immediately following any Soviet conversion measure which may be adopted prior to July 1.

Recommendation:

Despite fact that matter has previously been handled at theater level, it is suggested that the Acting Secretary telephone Mr. Royall with a view to a request being sent to General Clay to have Currency reform postponed until July 1, provided that condition immediately stated above is met.

John D. Hickerson

Dokument 5: Bericht der Financial Intelligence-Group (OMGUS) über die sowjetische Position zur Währungsreform, 15. 6. 1948, National Archives Record Group 260

Office of Military Government for Germany (U.S.)

Financial Intelligence Group
Office of the Finance Adviser
APO 742

Berlin, 15 June 1948

CURRENCY REFORM – THE SOVIET POSITION

Soviet Military Government has made itself the champion of German unity by publicly opposing a separate Western currency reform and by insisting that monetary reform should be executed only on a Germany-wide basis. The Soviet sponsored press and radio have launched violent attacks on the Western powers and have accused them of intending to split Germany economically and politically.

There were no official statements of any kind, indicating how the Soviet zone monetary system would be changed if a reform takes place in Western Germany. The only clues are furnished by press statements of Eastern zone German politicians and by a few, somewhat contradictory, reports by U.S. intelligence agencies. It is clearly indicated, however, that up to the end of April the Finance Ministers of the Soviet zone Laender had not been informed of Soviet intentions.

Technical Preparations

Apparently, the SMA has had no banknotes for a new German currency printed in Germany. At least, it could be established with some certainty that the best equipped Soviet zone printing plant, Giesecke & Devrient at Leipzig, did not print any new money. If it has been prepared at all, it was probably printed outside of Germany. This is indicated also by a report on a conference in March 1948 at the SMA Finance Division at Karlshorst where it was stated that the issue of new bank notes was being prepared, and that the printing of bank notes *in Germany as well* would be permitted after completion of the reform.

Reports further indicate that currency stamps for the identification of Soviet zone money were printed at Leipzig and that a special ink for the overprinting of banknotes is now held in readiness there. Both methods would be feasible inasmuch as unused Reichsmark notes are apparently available in sufficient quantity. According to one report, an amount of 750 millions Reichsmarks in brand new banknotes was held in reserve in the vaults of the Landeskreditbank at Potsdam in April of this year. There are no reports on other deposits of this type.

Action indicated

An appraisal of the Soviet situation permits the conclusion that the SMA cannot be interested in instituting currency reform in the Eastern zone at this time on its own behalf. Soviet cash holdings, which still constitute potential purchasing power, are reported to amount to same 15 billions Reichsmarks. The financial position of the Soviet AGs in the Eastern zone will also deteriorate, as shown by recent developments in Austria.

A monetary reform in the Western zones, however, will produce an immediate Soviet zone reform, according to Eastern zone politicians and officials. Statements in a few Soviet sponsored papers, advocating action prior to a Western reform, may be discounted as such a move would certainly prejudice exploitation of the action of the Western powers for propaganda purposes. Much greater capital can be made out of a Western reform of it comes first. The possibility of unloading cash on the Western zones is not an important consideration. The SMA would hardly care to give the population a chance to dispose of cash in this fashion. Also, the success of a Western reform obviously would not be impaired. The SMA, on the other hand, has had every opportunity to send cash to trusted individuals in the West. An intelligence report indicates that communist party money was made available to Western agents to provide them with extra funds after a Western currency reform.

In passing, it may be pointed out that movement of cash in large amounts from the Western zones to the East would serve no useful purpose, regardless of the owner. Western zone black marketeers and the like obviously can expect to fare much better if they take their chances with a Western reform. It is therefore absurd if increased Soviet zone frontier control and blocking of traffic prior to and after currency reform are explained as safeguards against the smuggling of funds into the Soviet zone. The motives of these measures are purely political.

Intelligence reports also indicate that Eastern zone currency will be changed *after* a Western reform. Communist party funds are said to have been ordered deposited on special accounts under SMA control. Soviet military and civilian personnel reportedly are no longer paid in marks and were told to expect future pay in rubles.

Eastern Zone Banking System

The Soviet zone banking system was completed and readied for the execution of currency reform with the establishment, on 26 May, on the "Deutsche Emissions- und Girobank" at Potsdam. This institution has a capital of 100 million marks, same as the Bank deutscher Laender, whose Eastern counterpart it is. While the institution does not have the note privilege, this is something which can be provided at a moment's notice.

Backing of new Currency

The type of backing envisaged for the new Eastern money is not of specific interest for the purpose of this analysis. Reports vary, but indicate that the backing will be along more or less conventional lines.

Berlin

Soviet plans for the city of Berlin are shrouded in secrecy. Even the Soviet sponsored press has given little information as to contemplated action. It has, of course, pointed out that Berlin forms an island in the Soviet zone, and that it cannot possibly have money different from its hinterland. According to a statement by Hermann Matern, Berlin communist leader, in the SED paper "Neues Deutschland" and widely quoted in the Berlin press, the city of Berlin will be included in a Soviet zone reform. Matern said further: "I regard it as selfunderstood that the population of all sectors will be given an opportunity to exchange their money into Eastern zone currency."

An intelligence report, however, indicates that the Soviet sector only will be included in any zonal reform. This is a much more likely possibility, as inclusion of the other three sectors would be predicated on the consent of the Western powers which might not be forthcoming. Their consent might well be given to the creation of a new currency for circulation in Berlin only, but it is hard to believe that the Soviets would want such a solution. At any rate, the SED faction in the Berlin city administration has done its utmost to delay the establishment of a Central Bank for Berlin which would be necessary for a separate reform in Berlin.

It is also quite difficult to believe that the Soviets would omit Berlin entirely from a zonal currency reform. On the contrary, they may try to use the occasion to gain complete control over Berlin finances. If the Western powers should try to maintain their authority and influence by introducing their zonal currency in the Western sectors, the Soviets are seemingly prepared to make this as expensive and impracticable an operation as they possibly can. For a more comprehensive review of the Berlin situation, reference is made to the article "Berlin and the currency reform" in the FINANCIAL NEWS DIGEST of 14 May (Vol I No 8).

Conclusion

It is indicated that the Soviet zone is prepared and will immediately follow suit if there is a separate Western currency reform; further, that the Soviet sector of Berlin will be included in the zonal reform, or all of Berlin, in the absence of opposition from the Western powers.

CHARLES E. BANCROFT

Dokument 6: Schreiben Marschall Sokolowskis an General Clay vom 22. 6. 1948, Nachlaß Clay

The Commander-in-Chief of the Soviet Military Administration in Germany

Berlin, 22 June 1948

Dear General Clay,

The actions of the American, British, and French Occupational authorities, evinced in the execution of a separate currency reform in the western zones of occupied Germany, have placed the zone of occupation entrusted to me in a difficult position. This has obliged me to make a decision for the protection of the interests of the German population and economy of the Soviet Zone of Occupation and of the area of Greater Berlin from economic chaos and the disorganization of currency circulation, connected with the influx of invalidated banknotes from Western Germany. In view of this, I have decided to effect a currency reform in the Soviet Zone and in the area of Greater Berlin.

The Soviet Military Administration in Germany has advocated in all-Germany currency reform within the frames of the Control Council, in accordance with the idea of its political and moral(e) character; it did not consider it possible to be prepared for a separate currency reform in its zone. Hence at the present moment we are not distributing new banknotes, and are obliged to accomplish the reform on the basis of Reichsmarks and Rentenmarks of the old type with special coupons affixed to them.

I hope that you will not hinder the execution of this currency reform by your separate actions in the American Sector of Berlin, and will not create excess difficulties in the business of making a normal currency circulation and economic life secure, as much in the area of Greater Berlin as in the Soviet Zone of Occupation.

The conditions and method of effecting the currency reform in the Soviet Zone of Occupation and in the area of Greater Berlin are set forth in the attached Order of the Soviet Military Administration in Germany No. 111, and in the regulation, approved by me and accepted by the German Economic Commission, concerning the accomplishment of the currency reform in the Soviet Zone of Occupation of Germany and in the area of Greater Berlin.

With sincere respect,
V. SOKOLOVSKY
/s/t/ Marshal of the Soviet Union

To: General L. CLAY
Commander-in-Chief and Military
Governor, US, in Germany
Berlin

Dokument 7: Schreiben Lucius D. Clays an Marschall Sokolowski vom 23. 6. 1948, Nachlaß Clay

23 June 1948

My dear Marshal Sokolovsky;

I am in receipt of your letter of 22 June announcing the establishment of a currency reform in the Soviet Zone of Germany and in Berlin.

At last night's conference of our experts, we were prepared to consider any reasonable proposal which would ebriste the necessity for separate currencies in Berlin. However, we could not agree to the acceptance of a currency in Berlin which was not under quadripartite control.

Since your experts would discuss no other proposal, it has been impossible to find a reasonable solution.

I regret therefore that I must join with my associates in placing the currency now in use in the western Zone also in the city of Berlin.

Sincerely yours,
LUCIUS D. CLAY
General, U.S. Army
Commander-in-Chief

Marshal of the Soviet Union V. Sokolovsky
Commander-in-Chief
Soviet Military Administration in Germany
Karlshorst, Germany

Die Dokumente 1–7 sind mit freundlicher Genehmigung dem Buch von Eckhard Wandel, „Die Entstehung der Bank deutscher Länder und die deutsche Währungsreform 1948“, Fritz Knapp Verlag, Frankfurt/M. 1980, entnommen.

Grafik 1 **Entwicklung des Außen- und Binnenwertes der D-Mark seit 1950**

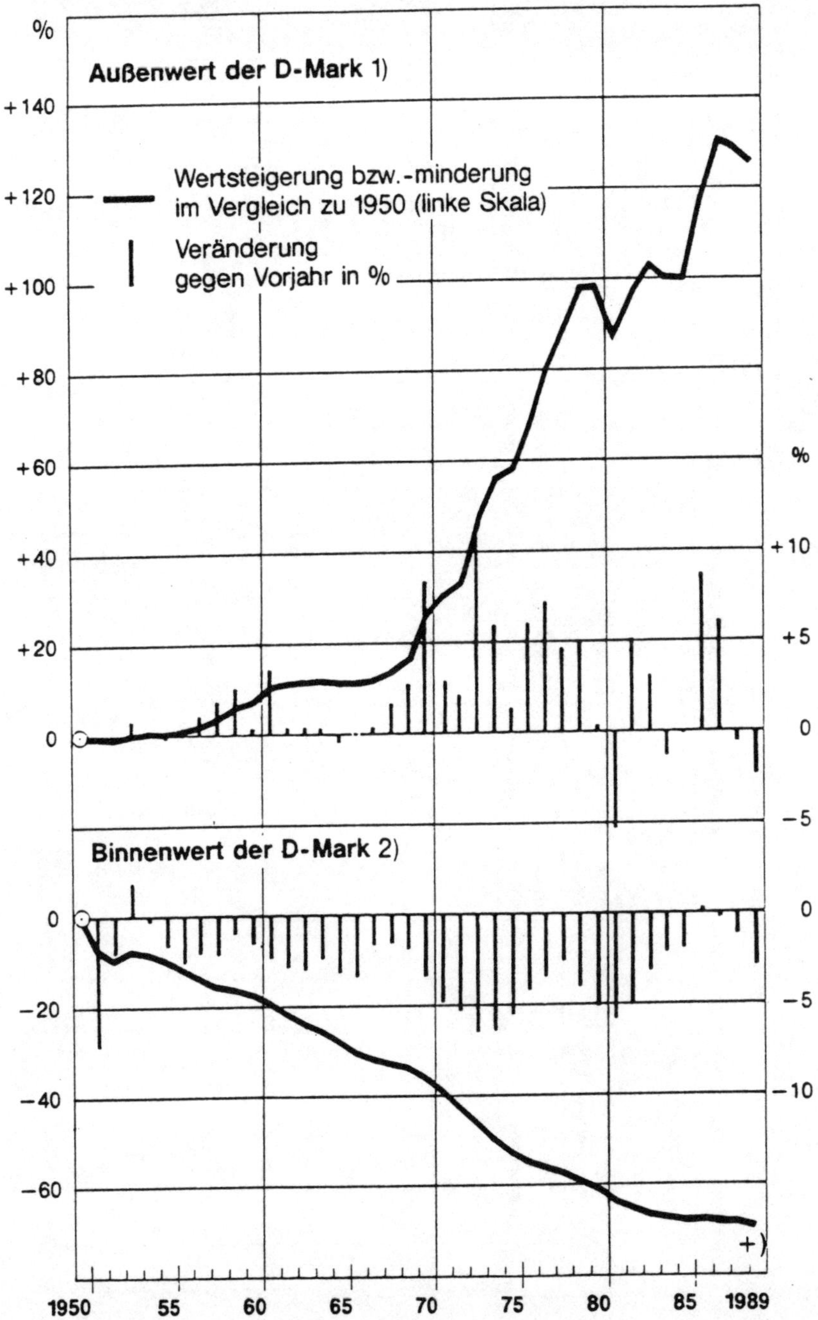

1) Gegenüber 14 Industrieländern. – 2) Gemessen am reziproken Wert des Preisindex für die Lebenshaltung. – + Letzter Stand: April 1989. BBk

Tabelle 1: Gesamtwirtschaftliche Entwicklung in der Bundesrepublik Deutschland 1950 bis 1988

Jahr	Bruttosozialprodukt[1] in Preisen von 1980 insgesamt		Bruttosozialprodukt[1] in Preisen von 1980 je Einwohner[2]	Bruttosozialprodukt[1] in jeweiligen Preisen insgesamt	Industrielle Produktion[3]	Lebenshaltungspreise[4]		Erwerbspersonen	Arbeitslosenquote[5]	Bruttolöhne und -gehälter je Beschäftigten[6] nominal		Bruttolöhne und -gehälter je Beschäftigten[6] real[7]
	1980 = 100	Veränderung gegen Vorjahr in %				1980 = 100	Veränderung gegen Vorjahr in %		in %	Tsd DM	1980 = 100	
1950	22,9	–	–	–	23,9	39,2	– 6,3	–	11,0	3,0	9,7	24,7
1951	25,1	9,4	8,2	22,4	18,0	42,2	7,8	1,9	10,4	3,5	11,2	26,6
1952	27,4	9,0	8,3	14,3	6,7	43,1	2,0	1,5	9,5	3,8	12,1	28,2
1953	29,7	8,5	7,5	7,2	10,1	42,3	– 1,7	1,4	8,4	4,0	12,8	30,3
1954	31,8	7,1	5,9	6,9	11,8	42,4	0,1	2,3	7,6	4,2	13,5	31,8
1955	35,5	11,8	10,7	14,2	14,9	43,1	1,7	2,2	5,6	4,5	14,6	33,8
1956	38,2	7,5	6,3	10,5	7,9	44,2	2,6	1,7	4,4	4,9	15,7	35,6
1957	40,5	5,9	4,6	9,0	5,2	45,1	2,0	1,6	3,7	5,1	16,5	36,7
1958	42,1	4,1	2,9	7,3	3,8	46,1	2,2	0,8	3,7	5,4	17,5	38,0
1959	45,3	7,5	6,3	9,3	7,8	46,5	1,0	0,1	2,6	5,8	18,6	39,9
1960	49,3	8,8	7,6	12,2	11,8	47,2	1,4	0,7	1,3	6,3	20,2	42,8
1961	51,4	4,4	2,9	9,4	5,9	48,3	2,2	1,0	0,8	6,9	22,4	46,3
1962	53,9	4,7	3,6	8,8	4,0	49,7	3,0	0,3	0,7	7,6	24,4	49,1
1963	55,3	2,8	1,8	6,0	3,1	51,2	2,9	0,3	0,8	8,0	25,9	50,5
1964	59,0	6,6	5,5	9,8	8,9	52,4	2,4	– 0,0	0,8	8,7	28,1	53,7
1965	62,1	5,4	4,2	9,2	5,5	54,1	3,1	0,4	0,7	9,6	30,8	56,9
1966	64,0	3,0	2,0	6,4	0,8	56,0	3,7	– 0,3	0,7	10,3	33,0	59,0

1972	[illegible]	[illegible]	[illegible]	[illegible]	[illegible]	[illegible]	[illegible]	[illegible]	[illegible]	[illegible]	[illegible]	[illegible]
1973	85,8	4,7	4,2	11,4	5,4	72,4	6,9	0,8	1,2	19,2	61,8	85,3
1974	85,9	0,2	0,1	7,3	– 2,6	77,4	7,0	– 0,2	2,6	21,3	68,8	88,8
1975	84,7	– 1,4	– 1,1	4,4	– 6,7	82,0	6,0	– 1,0	4,7	22,7	73,2	89,2
1976	89,4	5,6	6,1	9,4	8,2	85,6	4,5	– 0,9	4,6	24,4	78,4	91,6
1977	91,8	2,7	2,9	6,5	2,0	88,7	3,7	– 0,3	4,5	25,9	83,5	94,2
1978	94,8	3,3	3,4	7,7	1,8	91,1	2,7	0,4	4,3	27,4	88,3	96,9
1979	98,5	4,0	3,9	8,1	4,9	94,9	4,1	0,9	3,8	29,0	93,5	98,5
1980	100,0	1,5	1,1	6,3	0,2	100,0	5,5	1,1	3,8	31,0	100,0	100,0
1981	100,0	0,0	– 0,2	4,0	– 2,4	106,3	6,3	0,7	5,5	32,5	104,7	98,5
1982	99,0	– 1,0	– 0,9	3,4	– 3,1	111,9	5,3	0,5	7,5	33,7	108,7	97,1
1983	100,9	1,9	2,3	5,2	0,6	115,6	3,3	0,2	9,1	34,9	112,6	97,4
1984	104,2	3,3	3,7	5,3	2,8	118,4	2,4	0,1	9,1	36,1	116,2	98,1
1985	106,3	1,9	2,2	4,2	3,5	121,0	2,2	0,8	9,3	37,1	119,5	98,8
1986	108,7	2,3	2,2	5,5	2,1	120,7	– 0,2	0,7	9,0	38,5	124,0	102,7
1987	110,6	1,8	1,6	3,9	0,5	121,0	0,2	0,7	8,9	39,6	127,7	105,6
1988	114,4	3,4	2,9	5,0	3,9	122,4	1,2	0,6	8,7	40,8	131,5	107,4
	Jahresdurchschnittliche Veränderung in %											
1950/51–59	–	7,8	6,7	11,1	10,8	–	1,1	1,5	6,7	7,5	–	5,5
1960–1969	–	4,8	3,9	8,3	5,8	–	2,4	0,1	1,0	7,8	–	5,3
1970–1979	–	3,1	2,9	8,9	2,4	–	4,9	0,1	2,8	9,0	–	3,9
1980–1988	–	1,7	1,7	4,8	1,0	–	2,9	0,6	7,9	3,9	–	1,0

1) Gebietssprung 1959/60 in den Originaldaten des Statistischen Bundesamtes durch Verkettung überbrückt. – 2) 1988 teilweise geschätzt. – 3) Einschl. Bau, kalendermonatlich. – 4) Bis 1961 Preisindex für die Lebenshaltung für 4-Personen-Arbeitnehmerhaushalte mit mittlerem Einkommen, ab 1962 Preisindex für die Lebenshaltung aller privaten Haushalte; jeweils auf Originalbasis berechnet. – 5) Arbeitslose in % der abhängigen Erwerbspersonen. – 6) Ohne Arbeitgeberbeiträge zu den Sozialversicherungen, jedoch einschließlich zusätzlicher Sozialaufwendungen der Arbeitgeber; eigene Berechnung. – 7) Deflationiert mit dem Preisindex für die Lebenshaltung.

Quelle: Deutsche Bundesbank

Tabelle 2: Langfristige Entwicklung wichtiger Wirtschaftsdaten für die Bundesrepublik Deutschland

Zeitraum	Reales Bruttosozialprodukt	Reales Bruttosozialprodukt je Einwohner	Preisindex für die Lebenshaltung	Arbeitslosenquote[1,2]	Leistungsbilanzsaldo[1] in Mrd DM	Leistungsbilanzsaldo[1] in % des Bruttosozialprodukts
	Durchschnittliche jährliche Veränderung in %				Jahresdurchschnitt	
1951–1955	9,1	8,1	1,9	8,3	3,2	2,0
1956–1960	6,8	5,6	1,8	3,1	5,7	2,3
1961–1965	4,7	3,6	2,8	0,8	0,4	0,1
1966–1970	4,2	3,5	2,4	1,2	8,0	1,4
1971–1975	2,1	1,7	6,1	2,1	11,7	1,3
1976–1980	3,4	3,5	4,0	4,2	0,3	0,0
1981–1988	1,7[3]	1,7[4]	2,6	8,4	43,2	2,7

1) Arbeitslosenquote bis 1958, Leistungsbilanzsaldo bis Mitte 1959 ohne Saarland.
2) Arbeitslose in % der abhängigen Erwerbspersonen.
3) 1983–1988 = 2,4.
4) 1983–1988 = 2,5.

Quelle: Deutsche Bundesbank

Die Autoren

Christoph Buchheim
Dr. rer. pol. habil., Dipl.-Volkswirt.
Geb. 1954 in München; Studium der Volkswirtschaftslehre, der Sinologie und der Neueren Geschichte: 1978 Diplom, 1982 Promotion, 1989 Habilitation (jeweils Universität München).
1979 – 1985 Wissenschaftlicher Assistent am Seminar für Wirtschaftsgeschichte der Universität München; 1985 – 1989 Wissenschaftlicher Mitarbeiter am Institut für Zeitgeschichte, München; seit Mai 1989 Wissenschaftlicher Mitarbeiter an einem DFG-Projekt zur deutschen Wirtschaftsgeschichte der Zwischenkriegszeit.

Peter Hampe
Dr. rer. pol., Dipl.-Volkswirt, Dozent.
Geb. 1940 in Dohna; Studium der Volkswirtschaft, der Politischen Wissenschaft und des Öffentlichen Rechts: 1965 Diplom, 1972 Promotion (jeweils Universität München).
1967 - 1979 Wissenschaftlicher Mitarbeiter bzw. (ab 1973) Wissenschaftlicher Assistent an der Universität München; seit 1969 Lehrbeauftragter an der Universität München und an der Hochschule für Politik, München; seit 1980 Dozent an der Akademie für Politische Bildung, Tutzing.

Ernst-Moritz Lipp
Dr. rer. pol., Dipl.-Volkswirt, Bankdirektor.
Geb. 1951 in Neuss/Rhein; Studium der Volkswirtschaft und der Neueren Geschichte: 1975 Diplom, 1979 Promotion (jeweils an der Universität Saarbrücken).
1975 – 1979 Wissenschaftlicher Assistent an der Universität des Saarlandes; 1977 – 1978 Visiting Member am Department of Applied Economics (Cambridge Economic Policy Group) in Cambridge/England; 1979 - 1982 Wissenschaftlicher Mitarbeiter beim Sachverständigenrat zur Begutachtung der gesamtwirtschaftlichen Entwicklung, 1982 – 1987 dessen Generalsekretär; Lehrbeauftragter an der Universität Frankfurt; Regierungsberater in Tunesien, Bolivien, Kolumbien und Venezuela; seit 1987 Direktor und Chefvolkswirt der Dresdner Bank.

Hans Möller
Professor em., Dr. rer. pol. habil., Dipl.-Volkswirt.
Geb. 1915 in Berlin; Studium der Wirtschaftswissenschaften: 1936 Diplom, 1938 Promotion, 1942 Habilitation, Ernennung zum Privatdozenten (jeweils Universität Berlin).

Ab 1937 Assistententätigkeit an der Universität Berlin; ab 1942 (als Soldat) Lehrtätigkeiten an den Universitäten Berlin und Breslau, ab 1948 an der Universität Frankfurt/M.; 1954 Ordinarius für Volkswirtschaftslehre an der Universität Frankfurt/M., seit 1958 Ordinarius für Volkswirtschaftslehre unter besonderer Berücksichtigung der internationalen Wirtschaftsbeziehungen sowie der Versicherungswissenschaft an der Universität München, seit 1983 emeritiert.
1945 – 1955 Mitwirkung am Wiederaufbau der Wirtschaftsverwaltung in Westdeutschland (unter anderem Länderrat der US-Zone, Zweizonenamt für Wirtschaft, Sonderstelle Geld und Kredit, Mitglied des Währungsreform-Konklaves, Bank deutscher Länder, Bundesvertretung bei der OEEC, Paris); Mitglied des Wissenschaftlichen Beirats beim Bundeswirtschaftsministerium; 1958 – 1972 Wissenschaftlicher Berater der EG-Kommission; Mitglied der Bayerischen Akademie der Wissenschaften; 1983 Verleihung der Ehrendoktorwürde der Universität Kiel.

Otto Pfleiderer
Professor, Dr. sc. pol., Dipl.-Volkswirt, Landeszentralbankpräsident.
Geb. 1904 in Ulm, verstorben 1989 in Stuttgart.
Studium der Wirtschaftswissenschaften an den Universitäten Tübingen, Hamburg und Kiel: 1925 Diplom, 1929 Promotion (jeweils Universität Kiel).
1930 – 1932 Schriftleiter der Zeitschrift „Keramos“ in Bamberg; 1932 – 1934 wissenschaftlicher Assistent an der Universität Heidelberg; 1934 – 1935 Forschungsstipendiat der Rockefeller-Stiftung; 1935 – 1937 Wissenschaftlicher Mitarbeiter der Internationalen Konferenz für Agrarwissenschaft in Berlin; 1937 – 1945 Mitarbeiter der volkswirtschaftlichen Abteilung der Reichs-Kredit-Gesellschaft AG und der Zeitschrift „Bank-Archiv“, Sachbearbeiter in der Geschäftsführung der Wirtschaftsgruppe Privates Bankgewerbe, Berlin; 1945 Berater der Amerikanischen Militärregierung in Stuttgart; 1945 – 1948 Ministerialrat im Finanzministerium von Württemberg-Baden; 1947 – 1948 Mitglied der „Sonderstelle Geld und Kredit“ bei der Verwaltung für Finanzen des Vereinigten Wirtschaftsgebiets, Bad Homburg; 1948 Mitglied des Währungsreform-Konklaves von Rothwesten; 1948 – 1972 Präsident der Landeszentralbank in Baden-Württemberg und Mitglied des Zentralbankrates der Bank deutscher Länder bzw. der Deutschen Bundesbank. 1950 – 1951 stellvertretendes Direktoriumsmitglied der Europäischen Zahlungsunion, Paris; 1952 – 1953 Exekutivdirektor des Internationalen Währungsfonds, Washington; seit 1947 Lehrbeauftragter, seit 1961 Honorarprofessor an der Universität Heidelberg; seit 1965 Mitglied des wissenschaftlichen Beirats beim Bundesministerium für Wirtschaft; Ehrensenator der Universitäten Freiburg und Tübingen.

Karl Schiller
Professor, Dr. rer. pol., Dipl.-Volkswirt, Bundesminister a. D.
Geb. 1911 in Breslau; Studium der Nationalökonomie und der Soziologie: 1934

Diplom, 1935 Promotion (jeweils Universität Heidelberg), 1939 Habilitation für Nationalökonomie (Universität Kiel).
1934–1935 Wissenschaftlicher Assistent an der Universität Heidelberg; 1935–1939 Forschungsgruppenleiter am Institut für Weltwirtschaft an der Universität Kiel; 1947 – 1972 Ordinarius für Volkswirtschaftslehre und Direktor des Instituts für Außenhandel und Überseewirtschaft der Universität Hamburg.
1948–1953 Senator für Wirtschaft und Verkehr in Hamburg, gleichzeitig Mitglied des Bundesrates; 1949 – 1957 Mitglied der Hamburger Bürgerschaft; 1961 – 1965 Senator für Wirtschaft in Berlin, gleichzeitig Mitglied des Bundesrates; 1965–1972 Abgeordneter des Deutschen Bundestages; 1966 – 1972 Bundesminister für Wirtschaft, ab 1971 gleichzeitig Bundesminister der Finanzen; zeitweise Vorstands- und Präsidiumsmitglied der SPD.
Seit 1948 Mitglied des Wissenschaftlichen Beirats beim Bundesministerium für Wirtschaft; 1973 – 1979 Verwaltungsrats-Präsident der EDESA S.A.; seit 1976 Mitglied des Ford-European-Advisory Council; Träger des Großen Bundesverdienstkreuzes mit Stern, der Alexander-Rüstow-Plakette, des Ludwig-Erhard-Preises, der Bürgermeister-Stolten-Medaille, der Bernhard-Harms-Medaille; Ehrensenator der Universität Hamburg.

Helmut Schlesinger
Dr. oec. publ., Vizepräsident der Deutschen Bundesbank.
Geb. 1924 in Penzberg; Studium der Wirtschaftswissenschaften: 1948 Diplom, 1951 Promotion (jeweils Universität München).
1949 – 1952 Ifo-Institut für Wirtschaftsforschung, München; seit 1952 in der Deutschen Bundesbank (bzw. der Bank deutscher Länder), von 1964 bis 1972 Leiter der Hauptabteilung Volkswirtschaft und Statistik, seit 1972 Mitglied des Direktoriums und des Zentralbankrates, seit 1980 Vizepräsident.
Seit 1974 Mitglied im Erweiterten Vorstand des Vereins für Socialpolitik; seit 1980 Mitglied des Verwaltungsrates der DG-Bank; seit 1986 Honorarprofessor an der Hochschule für Verwaltungswissenschaften Speyer; 1981 Verleihung des Ludwig-Erhard-Preises für Wirtschaftspublizistik und der Ehrendoktorwürden der Universität Frankfurt/M. und der Universität Göttingen; Träger des Großen Verdienstkreuzes mit Stern des Verdienstordens der Bundesrepublik Deutschland.

Eckhard Wandel
Professor, Dr. rer. pol. habil., Dipl.-Volkswirt.
Geb. 1942 in Tübingen; Studium der Volks- und Betriebswirtschaftslehre: 1967 Diplom, 1970 Promotion, 1979 Habilitation (jeweils Universität Tübingen).
1974 – 1979 Wissenschaftlicher Assistent an der Universität Tübingen; seit 1981 Professor für Wirtschafts- und Sozialgeschichte an der Universität Tübingen; Vorstandsmitglied der Gesellschaft für Sozial- und Wirtschaftsgeschichte.